PUENTE

Teil 2

Arbeitsheft

von
Ana Calvo, Petronilo Pérez
und Kurt Süß

VERLAG MORITZ DIESTERWEG
Frankfurt am Main

Abbildungsnachweis:

S. 7 – Joan Miró „Frauen und Vogel in der Nacht" © VG Bild-Kunst, Bonn 1995; **S. 17** – Centro de Iniciativas y Turismo COMILLAS-Cantabria; **S. 21** – Bilderdienst Süddeutscher Verlag/Ingolf Bunge, München; **S. 23** – Ullstein Bilderdienst/MAS, Berlin; **S. 33** – **o.**: SFVA/ Onicva, Frankfurt, **Mi.**: Departamento de Industria, Comercio y Turismo, Aragon, **u. li.**: SFVA/Ontañon, Frankfurt, **u. re**: SFVA/F-3, Frankfurt; **S. 46** – **o.**: Bilderdienst Süddeutscher Verlag/H. Kanus, München, **Mi.**: Bilderdienst Süddeutscher Verlag/F. Hartung, München, **u.**: Bilderdienst Süddeutscher Verlag/Kley, München; **S. 52** – aus: MONOXIDO Fontanarrosa 16, 5.9.1988; **S. 66** – foto-present/Klijn, Essen; **S. 75** – aus: EL PAIS, 7.2.1993; **S. 77** – dpa/ EFE, Frankfurt; **S. 78** – **o.**: Archiv Dr. Karkosch, Gilching, **u.**: Bildarchiv Engelmeier, München; **S. 84** – aus: EL PAIS/Miquel Massuti, 31.12.1994; **S. 85** – aus: EL PAIS, 31.12.1994 **o. li.**: Santi Burgos, **o. re.**: Ignacio Martínez, **Mi. li.**: Mabel García, **Mi. re.**: Valery de la Dehesa, **u. li.**: Marieta Pedregal, **u. re.**: Uly Martín; **S. 91** – aus: CAMBIO 16, 23.5.1994 **o. li.**, **o. Mi.**, **o. re.**: Elio Bugallo, **u. li.**, **u. Mi.**, **u. re.**: Gilberto Villamil; **S. 95** – Suhrkamp Verlag Bildarchiv/ Jerry Bauer, Frankfurt

ISBN 3-425-06666-8

Illustrationen: Klaus Puth, Mühlheim-Dietesheim
Satz und Repro: Bibliomania GmbH, Frankfurt
Druck und Bindung: Brühlsche Universitätsdruckerei, Gießen
Printed in Germany

13.1 Currículum – una familia "normal y corriente"

a) *Lea primero los datos de esta persona y el siguiente diálogo.*

Juan Peralta Muñoz:
* en 1940 en La Paz
padres españoles
3 hermanos
de 1949 a 1955 en México
estudiar Medicina en Zaragoza
en 1976 trabajar en un hospital en Avila
desde 1978 en Madrid
boda en 1975, 1 hija

☺ ¿Cuándo nació?
☻ En 1940.
☺ ¿Dónde nació?
☻ En La Paz.
☺ ¿Y sus padres eran bolivianos?
☻ No, eran españoles.
☺ ¿Tenía hermanos?
☻ Sí, tenía 3 hermanos.
☺ ¿Ha vivido siempre en la Paz?
☻ No, qué va. De 1949 a 1955 vivió en México, después estudió Medicina en Zaragoza y luego se fue a trabajar a Avila. En 1978 se fue a vivir a Madrid.
☺ ¿Se casó?
☻ Sí, se casó en 1975 y tiene una hija.

b) *Hable ahora con su compañero/a de los otros miembros de la familia.*

Soledad Rubio Fonseca:
* en 1943 en Nueva York
padres costarricenses
una hermana mayor
enfermera
de 1946 a 1948 en México
de 1968 a 1975 en Zaragoza

trabajar en un hospital
en 1976 en Avila
desde 1979 en Madrid
boda en Zaragoza en 1975, 1 hija

Inés Peralta Rubio:
* en 1977 en Avila
de 1986 a 1990 en un internado en Inglaterra
en 1991 regreso a Madrid a casa de sus padres
desde 1994 en Bilbao
estudios de Biología

c) *Compare los datos personales de estas 3 personas y conteste las siguientes preguntas.*

1. ¿Dónde se conocieron Juan y Soledad?
2. ¿Cuántos años tenía Soledad cuando nació su hija?
3. ¿Cuántos años llevaban casados?
4. ¿Cuántos años vivieron juntos en Avila?
5. ¿Desde cuándo viven juntos en Madrid?
6. ¿Cuántos años vivió Inés con sus padres?
7. ¿Desde cuándo ya no vive Inés con sus padres?

d) *Escriba algunos datos del currículum de un personaje conocido del mundo de la música, de la política, del deporte, etc.*
Su compañero/a tiene que adivinar quién es.

13.2 Todo a la vez

Sustituya la acción marcada en cursiva por un gerundio.

Ejemplo: El chico iba en coche *y miraba* por la ventana.
El chico iba en coche *mirando* por la ventana.

1. *Si lo pienso* bien, creo que no voy a llamar por teléfono.
2. El coche se cayó por un terraplén *y dio* varias vueltas de campana.
3. La chica nos miraba *cuando subía* las escaleras.
4. Vino *y dijo* que le dolía la pierna.
5. Nos saludó *y sonrió*.
6. *Cantaban cuando* entraron en la habitación.

13.3 ¡Qué rollo!

a) *Complete el diálogo con las formas adecuadas del imperfecto e indefinido.*

☺ Hola Montse, ¿qué tal?
☻ Bien, y tú ¿qué tal el fin de semana?
☺ Ay, horrible, ¡qué rollo!
☻ ¿Por qué? ¿Qué (pasar) ______________ ?
☺ Bueno, que no (funcionar) ______________ nada.
☻ ¿Y eso?
☺ Mira, el sábado (ir, yo) ______________ a ir con Juan al teatro. Imagínate que el pobre (ponerse) ______________ enfermo. Entonces (llamar, yo) ______________ a Margarita. Ella tampoco (poder) ______________, así que (quedarse, yo) ______________ en casa.
☻ Vaya, ¿y el domingo?
☺ El domingo por la mañana (ir) ______________ a venir Nacho y María, pero se les (estropear) ______________ el coche. Como no me llamaron en seguida, (estar, yo) ______________ esperando mucho tiempo.
☻ Y después, ¿qué (hacer, tú) ______________ ?
☺ Nada, (pensar, yo) ______________ que tú me (ir) ______________ a llamar por teléfono y que (ir, nosotros) ______________ a cenar juntos, pero … .

b) *Piense en las últimas semanas. ¿Qué planes no pudo realizar? Hable con su compañero/a.*

Ejemplo: ☺ El sábado pasado íbamos a ir a bailar.
☻ Y, ¿por qué no fuisteis?
☺ Porque Nacho se rompió la pierna.

Y ahora usted.

13.4 ¿Viene o va, trae o lleva?

Complete las lagunas.

Todos los días yo ________________ a la escuela.

Todos los días yo ________________ de la escuela.

Todos los días yo ________________ muchos libros a la escuela.

Todos los días ________________ muchos deberes de la escuela.

Pase al ejercicio 13.11 en el libro de texto.

**

13.5 Y aquí, ¿quién se entiende?

a) *Texto de lectura. Use el diccionario.*

Joan Miró

Joan Miró nació en 1893 en Barcelona. Es, junto con Picasso y Dalí, uno de los pintores modernos españoles de fama mundial. El estilo de sus cuadros es tan propio que sólo hace falta ver pocas obras de este pintor y escultor para saber de quién son. Sus cuadros están llenos de signos difíciles de entender, signos infantiles, poéticos, de vivos colores.

En Barcelona existe la *Fundació Joan Miró*, creada por él en 1971. La *Fundació* es un museo dedicado a la obra del pintor, pero también un centro que se dedica a dar a conocer el arte moderno. Ahí tienen lugar exposiciones de arte de todo el mundo.

b) *Este es un cuadro de Joan Miró.*

¿Qué partes del cuerpo reconoce?

Si no conoce ciertas expresiones en castellano, use el diccionario o pregunte a su profesor/a.

13.6 "Sólo vine a hablar por teléfono"

a) *Lea este texto y use el diccionario o pregunte a su profesor/a si no entiende alguna de las expresiones.*

Una tarde de lluvias primaverales, cuando viajaba sola hacia Barcelona conduciendo un automóvil alquilado, María de la Luz Cervantes sufrió una avería en el desierto de los Monegros. Era una mexicana de veintisiete años, bonita y seria, que años antes había tenido un cierto nombre como actriz de variedades. Estaba casada con un prestidigitador de salón, con quien iba a reunirse aquel día después de visitar a unos parientes en Zaragoza. Al cabo de una hora de señas desesperadas a los automóviles y camiones que pasaban rápidos en la tormenta, el conductor de un autobús destartalado se compadeció de ella. Le dijo, eso sí, que no iba muy lejos.

– No importa – contestó María –. Lo único que necesito es un teléfono.

(Gabriel García Márquez: "Doce cuentos peregrinos". Madrid: Narrativa Mondadori. Texto adaptado.)

b) *Hable con su compañero/a e imagínese como pudo seguir la historia.*

c) *Compare su "historia" con la de sus compañeros/as.*

d) *Pregúntele a su profesor/a cómo siguió y acabó esta historia.*

13.7 Gabriel García Márquez

Texto de lectura.

Gabriel García Márquez nació en 1928 en Aracataca, Colombia. Estudió Derecho, pero pronto empezó a trabajar como periodista, no sólo en su país, sino también en Europa y en México.
Pero Gabriel García Márquez no se ha hecho famoso por este trabajo, sino por sus cuentos y novelas. Una de las más famosas es seguramente "Cien años de soledad". En esta obra maestra García Márquez nos lleva a vivir a Macondo, un lugar ficticio donde se desarrolla la historia llena de magia de una familia, los Buendía.
Otras obras del autor son: "La hojarasca", "Crónica de una muerte anunciada", "El amor en los tiempos del cólera", "El General en su laberinto", etc. … .
En 1982 recibió el Premio Nobel de Literatura. Márquez es seguramente uno de los mayores genios de la literatura latinoamericana.

13.8 ¿A quién no le gusta leer?

Una joven chilena y un español, están hablando de literatura.

a) *Escuche lo que dicen.*

b) *Conteste las siguientes preguntas.*
1. ¿Cuál es el último libro que ha leído ella de García Márquez?
2. ¿Qué libro de Márquez es el que más le gusta a Angeles?
3. ¿De qué trata ese libro?
4. ¿Piensa Raúl leer también ese libro?

c) *Pregunte a su compañero/a.*
1. ¿Qué libro o autor prefiere?
2. ¿Cuál es el último libro que ha leído?
3. ¿Le ha gustado o no?
4. ¿De qué trata ese libro?

14.1 ¡Qué aventura!

Cuéntele a su compañero/a las aventuras de su viaje.

El año pasado usted hizo un largo viaje por Europa. Su compañero/a quiere saber los detalles.

Ejemplo: ☺ ¿Cuándo saliste de Bonn?
☻ Salí el 2 de agosto.
☺ ¿Y adónde fuiste?
☻ Fui a Paris.
…

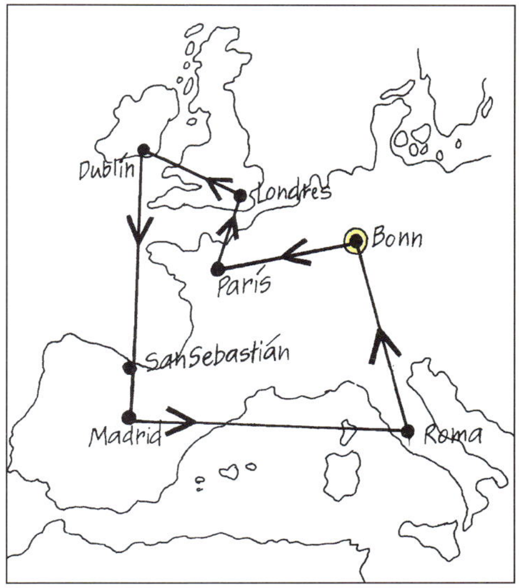

Salida de Bonn:	– día 2 de agosto – en tren a París – tren lleno de turistas
París (3 días):	– Torre Eiffel, Montmartre – robo de la máquina de fotografiar – muy caro – en tren y ferri a Londres
Londres (2 días):	– Big Ben – Reina en coche – albergue juvenil – comida buena
Dublín (3 días):	– salir por la noche a un pub – buena música – llover mucho – en barco a San Sebastián

San Sebastián (3 días):
- primer día: mucha lluvia
- dar una vuelta por el casco viejo[1]
- segundo día: sol
- ir a la playa
- en autobús a Madrid

Madrid (6 días):
- Prado, Parque del Retiro
- mucha gente por las calles
- conocer a unos jóvenes muy simpáticos
- ir al Rastro
- a Roma en avión

Roma (1 semana):
- Foro Romano
- comer pizza todos los días
- ir a bailar
- conocer a unos jóvenes italianos
- invitación a una fiesta de cumpleaños
- perder el pasaporte
- ir a la Embajada[2]
- volver a casa

14.2 Indefinido

Rellene las lagunas con las formas que faltan.

yo	tú	él/ella/ usted	nosotros/as	vosotros/as	ellos/ellas/ ustedes
	dormiste				
			construimos		
				pedisteis	
preferí					
		incluyó			
			reñimos		
					se vistieron

[1] el casco viejo: *Altstadt*
[2] la Embajada: *Botschaft*

14.3 La carta que lo cambió todo

a) *Rellene las lagunas con los tiempos del imperfecto, indefinido, pluscuamperfecto.*

Erase una vez una familia numerosa, la familia García, que vivía en un piso pequeño, viejo y caro en Oviedo. En el piso de al lado ______________ (vivir) un matrimonio ya mayor sin hijos y siempre ______________ (protestar) porque los seis hijos de los García ______________ (hacer) muchísimo ruido cuando ______________ (jugar). Paco, el padre, ______________ (querer) encontrar otro piso, pero ______________ (ser) difícil, casi imposible, porque los pisos ______________ (ser) muy caros. Paco ______________ (trabajar) en una fábrica y no ______________ (ganar) mucho dinero. Su mujer no ______________ (poder) ir a trabajar porque ______________ (tener) que cuidar a los hijos.

Así ______________ (estar) las cosas, cuando un día ______________ (llegar) una carta de Gijón. ______________ (ser) de una tía rica, la tía Josefa. Todos ______________ (alegrarse) muchísimo.

La mamá ______________ (abrir) la carta, la ______________ (leer) y ______________ (empezar) a llorar de alegría.

La tía Josefa no se ______________ (haber) olvidado de ellos. En su carta les ______________ (decir) que ______________ (haber) comprado en Gijón un piso grande para ellos en el que ______________ (poder) vivir para siempre. También les ______________ (contar) que ______________ (tener) un trabajo bien pagado para Paco.

Cuando Paco ______________ (llegar) del trabajo, también ______________ (alegrarse) muchísimo. ______________ (hacer) juntos una fiesta e ______________ (invitar) incluso a los vecinos protestones[1]. ______________ (ser) el día más feliz de su vida.

---

[1] protestón: *nörgelnd*

b) *Conteste las siguientes preguntas.*

1. ¿Cuántos hijos tenían los García?
2. ¿En qué ciudad vivían? ¿Dónde está esa ciudad?
3. ¿Dónde trabajaba Paco? ¿Dónde vivía la tía Josefa?
4. ¿Cree usted que esta historia puede pasar de verdad?
5. ¿Conoce un caso parecido?

14.4 ¿Gerundio o infinitivo?

Rellene las lagunas con las formas correspondientes.
cerrar – comer – correr – dormir – encontrarse – escuchar – salir – ver

1. ☺ ¿A qué hora los despertaste?
   ☻ Creo que a las siete, pero siguieron ______________ hasta las ocho.

2. ☺ ¿Por qué van a comer tantas veces a casa de la abuela?
   ☻ Me han dicho que prefieren ______________ allí, porque cocina mejor que su madre.

3. ☺ ¿Tenemos que preparar algo para la excursión?
   ☻ Claro, antes de ______________ tenéis que preparar la mochila.

4. ☺ ¿Para cuándo habéis quedado?
   ☻ Quedamos en ______________ el viernes.

5. ☺ Habían perdido el autobús, eran ya las ocho y media e iban ______________ a la escuela para no llegar demasiado tarde.
   ☻ Ah, por eso no nos saludaron.

6. ☺ ¿Qué te pasa?
   ☻ Me aburro, es que llevamos horas ______________ la tele.

7. ☺ Txiqui se enfadó al ______________ lo que le dijiste.
   ☻ Pero, ¿por qué? No le dije nada malo.

8. ☺ ¿Qué hicieron después de ______________ la tienda?
   ☻ Creo que se fueron a cenar.

14.5 Así no fue

Estos dibujos están confundidos.
Ordénelos y comente con su compañero/a lo que hizo Loli ayer.

Ejemplo: ☺ ¿Qué crees que hizo Loli por la mañana?
☻ Creo que se levantó y después se duchó.
☺ No, no creo. A mí me parece que primero desayunó y que después … .

14.6 ¿Qué están pensando?

Todas estas personas están pensando en algo pero no dicen nada.
Usted sabe leer pensamientos.
Ayúdeles y diga en qué están pensando.

Ejemplo: ☺ ¿Qué está pensando Elena?
☻ Elena está pensando que quiere irse de excursión.

**

14.7 ¿En bici y en tren?

Bicicletas en tren

RENFE permite de nuevo el transporte gratuito de bicicletas en los trenes de cercanías de Madrid, Barcelona, Bilbao, Sevilla, Valencia y San Sebastián.
El viajero debe comprar un billete normal y puede llevar la bicicleta en los vagones de los trenes autorizados.
La compañía admite también el transporte de bicicletas en los trenes de largo recorrido.
Para más información: 91/7336037.

a) *Lea estas informaciones del periódico "El País".*

Si no entiende alguna expresión, consulte el diccionario o pregunte a su profesor/a.

(Texto adaptado y resumido.)

b) *Conteste estas preguntas.*
1. ¿El transporte de bicicletas en tren cuesta algo?
2. ¿Qué es un tren de cercanías?
3. ¿Dónde se pueden llevar las bicicletas?
4. ¿Es posible el transporte en otros trenes?
5. ¿Se necesita un billete especial?
6. ¿Qué hay que hacer si se necesita más información?

14.8 ¿Diga?

Elena y Laura quieren hacer en las vacaciones de verano excursiones en bici por el sur de España. Han leído un artículo en el periódico y Elena llama al número de teléfono indicado.

a) *Escuche el siguiente diálogo y rellene las lagunas.*

☺ Diga.

☻ ________________________________ ¿Hablo con el

________________________________?

☺ Sí, ¿qué desea?

☻ Mire, ______________________ en el periódico que es posible

______________________ en tren.

☺ Sí, correcto.

☻ Es que una amiga mía y yo ______________________
año a Andalucía y hacer por allí excursiones en bici.

☺ Y dígame, ¿______________________?

☻ Bueno, yo vivo en Guernica.

☺ Entonces, ¿______________________ la bici desde Guernica hasta Andalucía?

☻ Sí, hasta Sevilla.

☺ ______________________. Lo único que tiene que

______________________ es ir en trenes que no van muy llenos.

☻ ______________________.

☺ Sí, solo ______________________ en tren si

______________________ a ______________________,
pero si el tren va muy lleno, ya sabe cómo son algunas personas …

☻ Ah, ya, ______________________.
Bueno, muchas gracias, ¿eh?

☺ De nada. Adiós.

☻ Adiós.

b) *Conteste las preguntas.*

1. ¿Adónde quieren ir Elena y Laura exactamente?
2. ¿Pueden llevarse las bicis?
3. ¿Qué problema puede haber?

c) *Escriba un diálogo.*

Al día siguiente, Elena cuenta a Laura las informaciones que le dieron por teléfono.

Laura ¿Y qué te dijeron ayer sobre el transporte de bicis?
Elena Me dijeron que …

**

14.9 Una excursión a Comillas

Usted acaba de llegar con unos amigos a Comillas. Han ido a la Oficina de Turismo y allí les han dado este folleto con informaciones sobre la ciudad.

Si no entiende alguna expresión, consulte el diccionario o pregunte a su profesor/a.

Comillas, un capricho

Comillas es una pequeña ciudad de 3.500 habitantes. Está situada al oeste de Santander, a 300 km de la frontera francesa y a 400 km de Madrid. Su arquitectura del siglo XVIII, sus grandes casas, sus palacios de variados estilos, sus pequeñas y bonitas plazas son muy interesantes.
Digno de ver es también el Palacio del Marqués de Comillas, de 1881. Los muebles son del famoso arquitecto catalán Antoni Gaudí, el constructor de la Sagrada Familia de Barcelona. También de Gaudí es el Palacete llamado "El Capricho" (1883–1885). Su arquitectura es un buen ejemplo del estilo personal de este gran arquitecto.
Por supuesto que también hay playas en Comillas. Hay dos y muy hermosas, una llamada Comillas y la otra Oyambre.
También vale la pena hacer algunas excursiones a los alrededores de Comillas: Santander, Santillana del Mar, Los Picos de Europa, Covadonga, etc. y eso no sólo por la cultura, sino también por el bello paisaje.

Hable con su compañero/a. Piensen adónde quieren ir y por qué.

Comillas

Lección 15

15.1 Una simple comparación

Use "que" *o* "de lo que" *según lo exija el contexto.*

1. ☺ ¿Qué tal estáis?
   ☻ Hoy estamos más cansados ______________ ayer. Es horrible, creo que hoy estamos más cansados ______________ nunca.

2. ☺ Creo que María no sabe leer bien.
   ☻ ¿Cómo que no? María sabe leer mejor______________ a ti te parece.

3. ☺ La gente dice que Arturo es muy pobre.
   ☻ Sí, es verdad. Pero Arturo es todavía más pobre______________ se dice.

4. ☺ Creo que vosotros casi no tenéis amigos.
   ☻ Sí, tenemos muchos amigos. Tenemos incluso más amigos ______________ tú.

5. ☺ ¿Cuántos años tiene Arturo?
   ☻ Creo que tiene sólo 28 años, pero parece mucho mayor ______________ es en realidad.

6. ☺ Mira los campos; están muy verdes, ¿no?
   ☻ Sí, están más verdes ______________ el año pasado por estas fechas.

7. ☺ ¿El patrón es el más rico del pueblo?
   ☻ Sí, es mucho más rico ______________ te puedes imaginar.

8. ☺ ¿Cuánto gana Arturo ahora?

☻ Ahora gana menos ______________ antes.

9. ☺ Oye, José no es muy alto ¿no?

☻ Sí, José es más alto ______________ crees.

15.2 ¡Qué lío![1]

a) *Haga frases correctas. (Puede haber varias posibilidades.)*

Ejemplo: Deporte – cuanto – hace – se siente – menos – peor.
Cuanto menos deporte hace, peor se siente.
Cuanto peor se siente, menos deporte hace.

1. Juan – habla – cuanto – menos – más – se aburren – sus – amigos.
2. Cuanto – trabajamos – tiempo libre – más – menos – tenemos.
3. Más – compra – menos – cuanto – dinero – tiene.
4. Más – lo – conocemos – menos – cuanto – sabemos – de él.
5. Cuanto – aprende – mejor – entiende – más – el español.

b) *Compare sus frases con las de su compañero/a.*

15.3 Tantos "-ísimos"

Conteste con un superlativo en "-ísimo" *como en el ejemplo.*

Ejemplo: ☺ Oye, ¿el viaje es caro?
☻ Sí, carísimo.

1. ☺ ¿El camino a la Paz es muy largo?

☻ Sí, ______________________.

2. ☺ Juan es bastante rico, ¿no?

☻ Sí, es ______________________.

[1] ¡Qué lío!: *Welch ein Durcheinander!*

3. ☺ ¿Domitila es muy simpática?

☻ Sí, es ______________________________.

4. ☺ Los mineros de Bolivia son muy pobres, ¿no?

☻ Sí, son ______________________________.

5. ☺ ¿En Bolivia los indios mascan[1] mucha coca?

☻ Sí, ______________________________.

6. ☺ ¿El nivel de vida es muy bajo en Bolivia?

☻ Sí, ______________________________.

15.4 Sin prejuicios

Usted se imagina a varias personas de diferentes países. Hable con su compañero/a y diga su opinión.

Ejemplo: ☺ Creo que los ingleses son muy puntuales.

☻ Sí, es verdad, creo que son más puntuales que los alemanes.
No, yo creo que los alemanes son más puntuales que los ingleses. Se dice que son los más puntuales del mundo.

Menú:

les gusta bailar – puntual – comer mucha pasta/tortillas – tomar mucho té/café – trabajador – rico – gordo – guapo – machista – bajito – hacer muchas fiestas – simpático – rubio – moreno – les gustan las patatas/las hamburguesas

---

[1] mascar: *kauen*

15.5 Cada sustantivo con su frase

Combine y haga todas las frases de relativo correctas que sean posibles.

La vida		vive es nueva.
Los mineros	lo que	no tienen trabajo.
La casa en	los que	se han vuelto ricos.
Viven allí sólo el tiempo en	la que	llevan los mineros es dura.
Habla mucho de	que	no trabajan pasan hambre.
Eso es	el que	el trabajador es activo.
Hay muchos		me gusta.
Fue la madre		fue a verlo a la clínica.

15.6 ¡Ya sabe tanto!

Forme dos grupos. El grupo A hace una pregunta al grupo B. Si el grupo B contesta bien, gana 2 puntos.
Si contesta mal, el grupo A se lleva un punto o, si conoce la respuesta correcta, tres puntos.
En caso de dudas, consulte a su profesor/a.

1. ¿Dónde está Tikal?
   - ☐ en Nicaragua
   - ☐ en Guatemala
   - ☐ en El Salvador

2. ¿Cuándo llegaron los árabes a España?
   - ☐ en 1492
   - ☐ en 711
   - ☐ en 1212

3. ¿Dónde está Bogotá?
   - ☐ en Colombia
   - ☐ en Bolivia
   - ☐ en Perú

4. ¿Qué es la sardana?
   - ☐ un baile
   - ☐ una iglesia
   - ☐ un pescado

Bogotá

5. ¿Quién vivió en Machu Picchu?
   - ☐ los incas
   - ☐ los aztecas
   - ☐ los mayas

6. ¿Dónde se encuentra Cadaqués?
   - ☐ en la Costa Blanca
   - ☐ en la Costa Brava
   - ☐ en la Costa del Sol

7. ¿Qué es el turrón?
   - ☐ un animal que vive dentro de la tierra
   - ☐ un dulce de Navidad
   - ☐ un animal que vive en el mar

8. ¿Dónde está Chile?
   - ☐ en el sur de Norteamérica
   - ☐ en el este de Sudamérica
   - ☐ en el oeste de Sudamérica

9. ¿Quién come tortilla de patata?
   - ☐ los españoles
   - ☐ los mexicanos
   - ☐ los chilenos

10. ¿Qué es el Rastro?
   - ☐ una calle en Barcelona
   - ☐ un mercado en Madrid
   - ☐ el puerto de Valencia

11. ¿Cómo se llama el Rey de España?
   - ☐ Carlos Juan
   - ☐ Juan Felipe
   - ☐ Juan Carlos

12. ¿A qué país pertenecen las Islas Galápagos?
   - ☐ a Perú
   - ☐ a Ecuador
   - ☐ a Chile

13. ¿Dónde viven los gauchos?
- ☐ en Venezuela
- ☐ en Argentina
- ☐ en Uruguay

14. ¿Cuántas lenguas oficiales hay en España?
- ☐ una
- ☐ tres
- ☐ cuatro

15. ¿Cuántos habitantes tiene España?
- ☐ unos 40 milliones
- ☐ unos 50 milliones
- ☐ unos 60 milliones

16. ¿Qué pronombre no emplean casi nunca los latinoamericanos?
- ☐ el tú
- ☐ el usted
- ☐ el vosotros

17. ¿De dónde era el poeta Pablo Neruda?
- ☐ de Chile
- ☐ de Argentina
- ☐ de Perú

18. ¿Quién era Gaudí?
- ☐ un pintor mexicano
- ☐ un escritor argentino
- ☐ un arquitecto catalán

19. ¿Qué es España?
- ☐ una isla
- ☐ parte de una península
- ☐ una península

20. ¿Dónde se encuentra Menorca?
- ☐ en las Islas Canarias
- ☐ en las Islas Malvinas
- ☐ en las Islas Baleares

Antonio Gaudí
(1852–1926)

15.7 El General

a) Trayecto de Simón Bolívar.

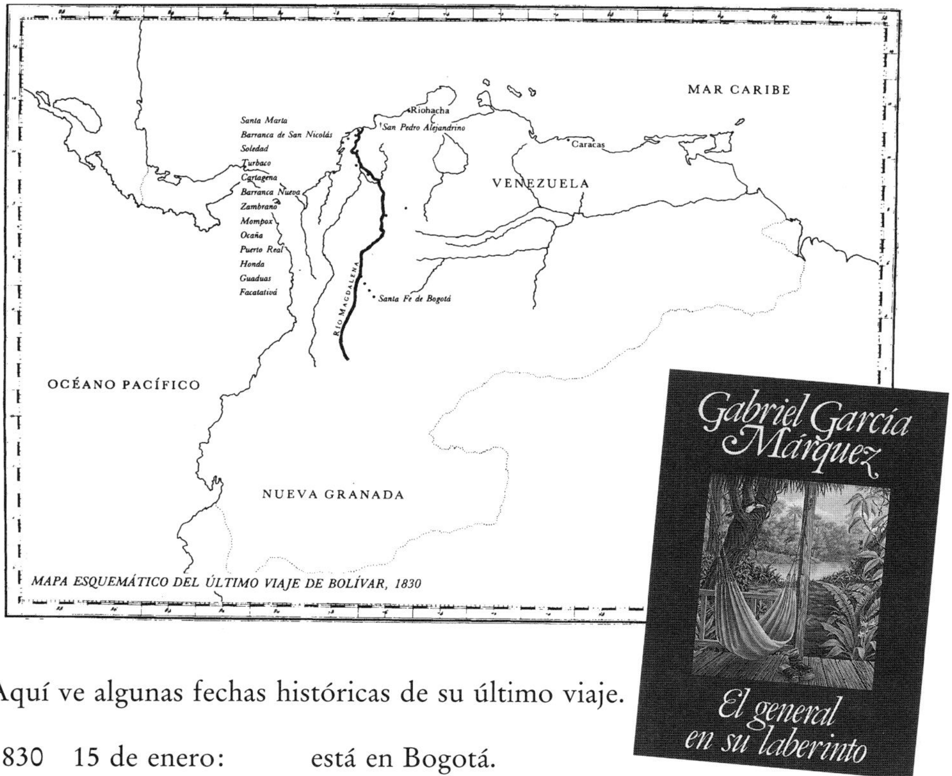

Aquí ve algunas fechas históricas de su último viaje.

1830	15 de enero:	está en Bogotá.
	8 de mayo:	Bolívar sale de Bogotá a su destino final.
	2 de octubre:	pasa por Turbaco.
	15 de octubre:	está en Soledad.
	1 de diciembre:	llega a Santa Marta.
	6 de diciembre:	se dirige a la hacienda de San Pedro Alejandrino.
	10 de diciembre:	escribe el testamento. Aquí, notando que se va a morir, dice "¡Cómo saldré[1] yo de este laberinto!".
	17 de diciembre:	muere en la hacienda de San Pedro Alejandrino, rodeado de muy pocos amigos.

b) *Ponga las frases en el pasado comentando con su compañero/a dónde estuvo Bolívar, cuándo y qué hizo en ciertos lugares.*

---

[1] saldré: *voy a salir*

15.8 Bolivia – el país de los superlativos

Texto de lectura. Use el diccionario.

Bolivia es quizás el país latinoamericano menos conocido por los europeos. Pero es un país hermoso, lleno de contrastes y superlativos:

Del Altiplano, al oeste, se dice que es una de las zonas habitadas más altas del mundo. Muchos de sus pueblos están a una altura de más de 4.000 m. En comparación, el Teide en las Islas Canarias, que es la montaña más alta de España, tiene una altura de 3.715 m.

El Titicaca es el lago más alto del mundo en el que pueden navegar barcos y lo llaman también mar interior. Tiene una superficie de más de 9.000 km^2 y una profundidad de hasta unos 300 m. En este lago se encuentran la Isla del Sol y de la Luna, de las que dice la leyenda que fueron el origen del imperio inca.

Los valles con selvas tropicales del norte, que en Bolivia los llaman "yungas", están muy poco poblados, pero esta es una zona con riquísimos recursos naturales.

Y, ¿cuál es la capital de Bolivia? ¿La Paz? Sí y no. Sí, porque desde La Paz se gobierna el país y no, porque la capital, según la constitución, es Sucre. El nombre le viene del General Sucre, que fue uno de los principales libertadores de Bolivia.

La Paz es la "capital" más alta del mundo, situada a 3.770 m sobre el nivel del mar.

Los habitantes de Bolivia son casi tan diferentes como la geografía de este país: Aproximadamente el 75 % son indios, el 20 % mestizos y el 5 % blancos. Alrededor del lago Titicaca casi todos los habitantes son indios aymará. Pero tres cuartas partes de la población de los valles son mestizos o blancos y el resto indios quechua …

(Informaciones de: "Guía de Sudamérica". México: Editorial Diana.)

15.9 Un encuentro

a) *Escuche el siguiente diálogo.*

b) *Conteste estas preguntas.*

1. ¿Cómo se imagina a estas dos personas, qué hacen, cuántos años tienen aproximadamente?
2. ¿De dónde son estas dos personas?
3. ¿Cuánto tiempo lleva ya cada uno de ellos en el país?
4. ¿Qué ha visitado ya la chica?

5. ¿Adónde quiere ir el chico?
6. ¿Cómo son los autobuses?

c) *Diga su opinión.*
1. ¿Ha estado usted alguna vez en Latinoamérica?
2. ¿Si no, le gustaría ir a Bolivia o a otro país latinoamericano?
3. ¿A qué país le gustaría ir y por qué?

15.10 Mujeres de Potosí

a) *Escuche la letra de esta canción boliviana.*

Mujeres de Potosí

En la esquina de la calle,
sentada junto a sus hijos,
la campesina suspira
al ver sonreír a sus chicos.
...

En un tambo del mercado
le han alquilado un rincón,
le cobran cincuenta pesos
por dormir bajo el camión.
...

(Abreviado de "Mujeres de Potosí", de Luis Rico, cantautor boliviano)

b) *Estas son las tres últimas estrofas. Pónga las frases en el orden correcto.*

(A) sueña que ha de volver,
(O) cuando comience a llover
(A) cuando comience a llover.
(T) Sus ojos miran mis ojos,
(L) Sueña que sueña su sueño,
(T) pensando que este día
(G) volver a sembrar la tierra,
(I) tampoco será feliz.
(C) volver a sembrar la tierra,
(C) Sueño que sueño su sueño,
(I) y con ellos sigo así,
(A) sueño que ha de volver,

c) *Si su solución es correcta, las letras muestran el nombre de una atracción turística boliviana, ¿cuál?*

L _ G O _ _ _ _ _ _ C A.

16.1 Jugando a los dados

Practique las formas del presente de subjuntivo.

Emplee un dado:

el  = yo

el  = tú

el 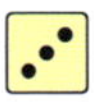 = él, ella, usted

el  = nosotros/as

el  = vosotros/as

el  = ellos, ellas, ustedes

Usted echa el dado. Si por ejemplo le ha tocado el 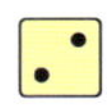*, dice la segunda persona de singular de uno de los siguientes verbos en presente de subjuntivo. Si lo dice correctamente, sigue su compañero/a. Si no, tiene que conjugar todas las personas del verbo.*

Menú:

escribir – esperar – querer – estar – ordenar – aburrirse – hacer – sacar – contar – llevar – decir – ganar – prohibir – prometer – pensar – tomar – haber – empezar – dejar – comer – acordarse

16.2 ¡Cuántas esperanzas!

Rellene las lagunas con el presente de subjuntivo.

¡Ojalá haga (hacer) sol mañana!

¡Espero que me escriba (escribir) Merche!

¡Ojalá que mis padres me dejen (dejar) ir a la fiesta!

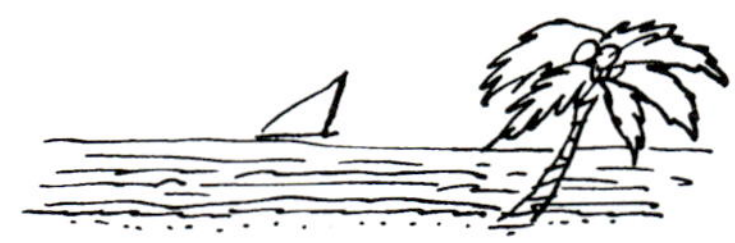

¡Ojalá vayamos (ir, nosotros/as) de vacaciones a la playa!

¡Esperamos que nos manden (mandar, ellos/as) pronto las fotografías!

¡Espero que hoy no haya (haber) clase de latín!

¡Ojalá jugemos (jugar, nosotros/as) hoy al baloncesto mejor que la última vez!

16.3 Regalos

Ha sido su cumpleaños y le han regalado muchas cosas. Su compañero/a quiere saber qué y para qué le sirven.

Construya diálogos como en el ejemplo.

Ejemplo: ☺ Mira lo que me ha regalado/comprado Loli, un despertador.
☻ ¿Y para qué?
☺ Para que no tenga que despertarme siempre ella y para que me levante puntual.

para que no (ponerse) siempre las suyas
para que (comprar) lo que quiera
para que él (tener) más tranquilidad
para que le (escribir)
para que (dormir) mejor
para que (ir) a visitarla
para que no (llegar) siempre tarde

16.4 ¡Qué personas más amables!

Ofrezca su ayuda a su compañero/a formulando las siguientes frases como en el ejemplo.

Ejemplo: ☺ Ay, cuánto trabajo tengo. – (ayudar, yo)
☻ Oye, ¿quieres que te ayude?

1. No encuentro el número de teléfono de Quique. – (buscar, yo)
2. No sé cómo voy a volver a casa de la fiesta; tan tarde no hay autobuses. – (llevar, nosotros)
3. Se me ha estropeado la moto y no tengo tiempo para llevarla al taller. – (llevar, yo)
4. No comprendo este problema de matemáticas. – (explicar, nosotros)
5. Tengo ganas de hablar con Inés, pero como hemos reñido no sé qué hacer. – (hablar con ella, yo)
6. Mi hermano va a llegar hoy a las cuatro y no puedo ir a buscarlo porque tengo que trabajar. – (ir, nosotros)
7. No sé cómo voy a traer a casa todo lo que tengo que comprar. ¡Seguro que pesa mucho! – (acompañarte, yo)

16.5 Visita de una amiga

Una amiga ha venido a verle y no conoce su ciudad. Usted tiene mucho trabajo y no puede acompañarla a todos los sitios.

Su amiga le pregunta, usted le da consejos.

Ejemplo: ☺ ¿Adónde puedo ir a bailar esta noche?
☻ Te aconsejo que vayas a la discoteca "Beethoven". Ponen buena música y es muy bonita.

Su amiga quiere:	*Usted le aconseja:*
☺ ir a comer a un restaurante	☻ comer en el ...
☺ comprar ropa	☻ comprarla en ...
☺ ir al cine	☻ ver la película ...
☺ dar un paseo	☻ dar una vuelta ...
☺ ir a ver monumentos	☻ ir a ver el castillo ...
☺ visitar un museo	☻ visitar el museo de ...

16.6 Cada cual con su opinión

a) *Escriba su opinión.*

Ejemplo: Me da rabia que ______________________________

Me da rabia que ciertas personas siempre lleguen tarde a una cita.

1. Me da rabia que ______________________________
2. Me fastidia que ______________________________
3. Me alegro de que ______________________________
4. Temo que ______________________________
5. Me molesta que ______________________________
6. Me gusta que ______________________________

b) *Compare sus frases con las de su compañero/a.*

16.7 No sé si creo o no creo

a) *Complete las lagunas.*

1. ☺ No creo que Merche ______________ (venir) a verme este verano.
   ☻ ¡Pues es una pena que no ______________ (venir).
2. ☺ Creo que Sara ______________ (llegar) mañana.
   ☻ ¿Sí? ¡Qué bien!
3. ☺ Creo que los niños hoy ______________ (estar) insoportables.
   ☻ Sí, tienes razón.
4. ☺ No creo que su padre ______________ (ser) tan conservador como Sara dice.
   ☻ Pues lo es.
5. ☺ No creo que Juan Ramón se ______________ (haber) olvidado de mandar las fotos.
   ☻ No, yo tampoco.
6. ☺ ¿Crees que María ______________ (querer) ir a esa fiesta?
   ☻ Sí, naturalmente. Ya la conoces.

b) *Hable con su compañero/a como en los ejemplos.*

Ejemplos: ☺ ¿Qué vas a hacer en las vacaciones? ¿Vas a España?
☻ | Sí, creo que voy a ir a España.
| No, no creo que vaya a España.

- en las vacaciones
- el fin de semana que viene
- en casa al llegar
- esta tarde con tus amigos

16.8 ¡Y siempre el pasado!

Usted comenta con su compañero/a lo que hizo en unas vacaciones.

Comenta por ejemplo:

- dónde estuvo,
- cuándo fue,
- cuánto tiempo estuvo,
- con quién estuvo,
- si le gustó o no,
- si pasó algo especial, etc., …

Su compañero/a también le cuenta a usted lo que hizo.
A continuación ustedes cuentan al resto del grupo uno de estos dos viajes de los que acaban de hablar en pareja.
El grupo, haciendo preguntas, tiene que averiguar[1] *quién de ustedes realmente hizo esas vacaciones.*

** 16.9 Un juego conocido

Uno de sus compañeros/as va pensando en las letras del abecedario.
Otro del grupo, cuando sea, le dice "alto". *Su compañero/a entonces tiene que parar y decir la letra. Si por ejemplo, se ha parado en la letra* "m", *todas las palabras que va a apuntar usted en la siguiente lista tienen que empezar con* "m".
El primero que tenga todas las palabras dice también "alto".
Después su compañero/a tiene que leer lo que ha escrito para ver si es correcto.

Ejemplo:

Ciudades en E/LA	Países	Verbos	Nombres españoles	Números*	Cosas para comer/beber/vestir
Málaga	México	mirar	María	mil	mantequilla

* no es siempre posible

[1] averiguar: *erraten*

16.10 Descubrimientos – una comunidad casi desconocida

Aquí ve varias fotografías de una Comunidad Autónoma española.

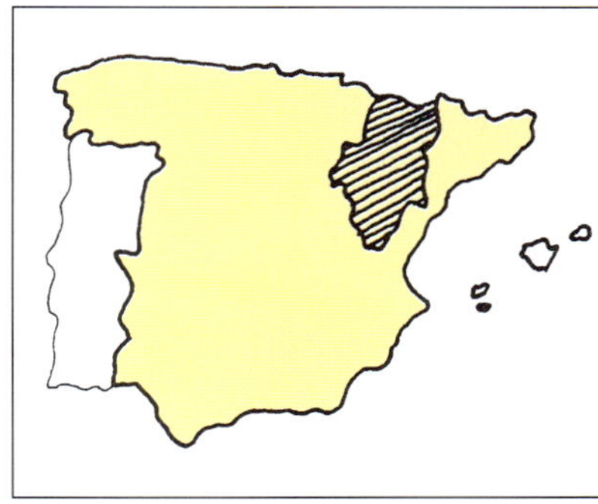

Parque nacional de Ordesa

Alcañiz

Estación invernal en la provincia de Huesca

Certamen de jotas

¿Sabe ahora contestar estas preguntas?

1. Teruel está en esa Comunidad, pero ¿cómo se llama la Comunidad?
2. ¿Con qué Comunidades limita?
3. ¿Cómo se llama la capital?
4. ¿Cómo se llama el río que pasa por esta Comunidad y por la capital?
5. ¿Qué se puede hacer allí en el tiempo libre?
6. ¿Cómo se llama el baile típico? ¿Piensa que se parece al flamenco?

16.11 Segundas intenciones

Isabel, una joven chilena, está viajando por España. Ya ha recorrido varias partes del país. En camino a Cataluña pasa por Zaragoza, la capital de Aragón, una Comunidad de la que ella hasta ahora no sabe mucho. En Zaragoza entra en un bar del centro a desayunar.

a) *Escuche el diálogo entre el camarero y la joven chilena.*

b) *Conteste ahora las siguientes preguntas.*

1. El camarero nota que Isabel no es española por
   - ☐ la ropa
   - ☒ el acento
   - ☐ la cara
2. Isabel no es de España pero lo era
   - ☐ su padre
   - ☐ su tío
   - ☒ su abuelo
3. Isabel ha llegado a Zaragoza
   - ☐ en tren
   - ☐ en coche
   - ☒ en autobús
4. Los Monegros es una región
   - ☐ muy rica, produce mucho
   - ☒ muy seca, parece un desierto
   - ☐ muy alta, nieva mucho

5. Isabel va a quedarse en Zaragoza
- ☐ dos o tres semanas
- ☐ dos o tres días
- ☐ dos o tres horas

6. Después quiere ir
- ☐ a Teruel
- ☐ a Barcelona
- ☐ a los Pirineos

7. Isabel pide para desayunar
- ☐ una taza de té
- ☐ una taza de leche
- ☐ un café con leche

8. A algunos pueblos les llaman "fantasma" porque
- ☐ viven viejos
- ☐ no vive gente allí
- ☐ vive Drácula

9. El camarero es de Zaragoza
- ☐ cierto
- ☐ falso

10. Isabel sabe lo que se puede ver en Zaragoza porque
- ☐ ya ha estado más veces allí
- ☐ tiene una guía
- ☐ el camarero se lo ha dicho

11. El camarero quiere acompañar a Isabel por la tarde porque
- ☐ el bar cierra
- ☐ tiene libre
- ☐ es fiesta

12. El camarero le propone a la chica acompañarla y ella
- ☐ dice que sí
- ☐ no dice nada
- ☐ dice que no

13. Isabel tiene que pagar por el desayuno
- ☐ 450 ptas.
- ☐ 540 ptas.
- ☐ 550 ptas.

******

16.12 Más de Aragón

Escuche la letra de esta canción escrita por el famoso cantautor aragonés José Antonio Labordeta.

Aragón

Polvo, niebla, viento y sol,
y donde hay agua una huerta.
Al norte los Pirineos,
esta tierra es Aragón.

Al norte los Pirineos
y al sur la sierra callada.
Pasa el Ebro por el centro
con su soledad a la espalda.

Dicen que hay tierras al este
donde se trabaja y pagan.
Hacia el oeste el Moncayo
como un dios que ya no ampara.

Desde tiempos a esta parte
vamos camino de nada.
Vamos a ver cómo el Ebro
con su soledad se marcha,

y con él van en compaña
las gentes de estas vaguadas,
de estos valles, de estas sierras,
de estas huertas arruinadas.

Polvo, niebla, viento y sol,
y donde hay agua una huerta.
Al norte los Pirineos,
esta tierra es Aragón.

("Labordeta." Le chant du monde. Barcelona: E.D.J.G.S.A. Letra y música: J. A. Labordeta)

17.1 ¿Cómo funciona?

Su amigo peruano se acaba de comprar un reproductor de discos compactos. No entiende como funciona. *Usted le ayuda.*

Ejemplo: Abrir con el botón de apertura.
Abre con el botón de apertura.

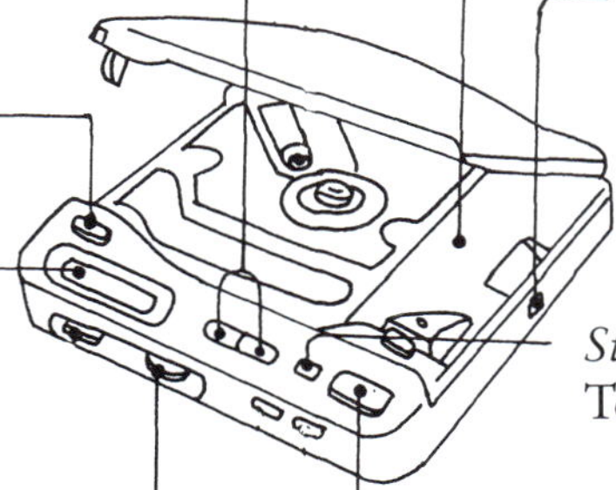

Como funciona:
- Abrir con el botón de apertura.
- Introducir 4 pilas.
- Conectar los auriculares en la toma de auriculares.
- Colocar el disco compacto con la etiqueta hacia arriba.
- Cerrar.
- Presionar la tecla de reproducción/pausa.
- Ajustar el volumen.
- Para detener: presionar la tecla de parada.

Cuidados:
- No dejarlo al sol, ni cerca de la calefacción.
- No meterlo al agua.
- No tirarlo al suelo.
- No darle golpes.
- No moverlo cuando está en marcha.

17.2 ¡Qué rico!

Su compañero/a quiere preparar un plato español para una fiesta.
Usted lee la receta y le va dando consejos. Use el imperativo.

Huevos con salsa verde

Ingredientes:
5 huevos
2 ramos de perejil
ajos (de 3 a 5 dientes)
6 cucharadas de aceite de oliva
sal
pimienta
3 cucharadas de vinagre
unas cuantas aceitunas

Cocer[1] los huevos 10 minutos.
Pelarlos[2], partirlos en 4 trozos y ponerlos en una fuente.
Limpiar el perejil.
Pelar los ajos.
Poner en la batidora[3] el perejil, los ajos y el aceite.
Batirlo[4] todo muy fino.
Echarle el vinagre, la sal y la pimienta.
Echar la salsa sobre los huevos.
Cortar las aceitunas.
Echarlas por encima de la salsa.
Dejar los huevos 30 minutos en la nevera.
Comerlos con pan.

Y ahora usted.
Cuece los huevos 10 minutos ...

---

[1] cocer: *kochen*
[2] pelar: *schälen*
[3] la batidora: *der Mixer*
[4] batir: *schlagen, mixen*

17.3 ¿Tantas órdenes?

Escriba lo que dicen estas personas.
Tenga en cuenta si se tutean o no.

Ejemplo:

17.4 ¿Puedo?

a) *Reaccione a las preguntas. Use el tú.*

Ejemplo: ☺ ¿Puedo quitarme la chaqueta?
☻ Sí, quítatela, hace mucho calor.
No, no te la quites que nos vamos ahora mismo.

1. ☺ ¿Puedo sentarme aquí?
☻ Sí, ______________________, no está ocupado.

2. ☺ ¿Puedo comerme este bocadillo?
☻ No, ______________________, es para Luisa.

3. ☺ ¿Puedo probar la tortilla?
☻ Sí, ______________________ a ver si te gusta.

4. ☺ ¿Puedo oír esta cinta?
☻ Sí, ______________________. El radiocasete está en mi cuarto.

5. ☺ ¿Puedo abrir la ventana?
☻ No, ______________________ que hace mucho frío aquí.

6. ☺ ¿Puedo dejar la mochila aquí?
☻ Sí, ______________________ ahí detrás de la puerta.

7. ☺ ¿Puedo pedir otro helado?
☻ No, ______________________. Te has comido ya dos.

8. ☺ ¿Puedo escribir una carta en tu ordenador?
☻ Sí, ______________________, pero ten cuidado.

b) *Ahora diga lo contrario e indique por qué.*

17.5 ¡Qué sordo[1]!

Su compañero/a le dice a usted que haga ciertas cosas. Como usted no tiene ganas, no "entiende" a la primera.

Construya diálogos como en el ejemplo.

Ejemplo: ☺ ¡Llama por teléfono a Merche! La tienes que invitar a la fiesta.
☻ ¿Cómo dices?
☺ ¡Que llames por teléfono a Merche!

Emplee también: – ¿Qué has dicho? / – ¿Qué? / – ¿Cómo?

1. Escríbele a Juan Ramón. Hace mucho que no le has escrito.
2. Mañana levántate más temprano, si no, vamos a llegar otra vez tarde.
3. Paga tú hoy la cuenta, la última vez pagué yo.
4. Baja las escaleras más despacio. Haces mucho ruido y además te vas a caer.
5. Dúchate tú primero. Tú tienes que irte antes que yo.
6. Compra la revista. Yo no la he podido comprar porque el quiosco antes estaba cerrado.
7. Arregla tu habitación. Está muy desordenada.

17.6 ¿Quién lo sabe?

Rellene las lagunas con el modo correspondiente.

1. ☺ ¿Qué te pasa, Laura?
   ☻ ¡Que me aburro! Aquí no hay nadie que ______________ (querer) bailar conmigo.

2. ☺ Merche me ha dicho que ______________ (necesitar) el gato del coche que te dejó ayer.
   ☻ Sí, claro. Voy a buscarlo.

3. ☺ Hola, buenas. ¿Qué queréis?
   ☻ Hola, buscamos un piso que ______________ (costar) poco y que no ______________ (estar) lejos del centro.
   ☺ Vamos a ver lo que tenemos. Sí, hay uno libre a 5 minutos de aquí.

---

[1] sordo: *schwerhörig, taub*

4. ☺ ¿Adónde vais?
   ☻ Vamos al cine a ver una película. Nos han dicho que ________ (ser) muy buena y divertida.

5. ☺ ¿Para qué ahorras tanto?
   ☻ Es que me quiero comprar una bici que ________ (tener) muchas marchas y, ya sabes, son muy caras.

6. ☺ ¿Hay algo aquí que ________ (ser) para mí?
   ☻ No, nada. Es todo para Iñaqui.

7. ☺ ¿Qué haces?
   ☻ Estoy buscando el número de teléfono de Victoria.

   ☺ El número que ________ (buscar) es el 49 82 31.

8. ☺ Quiero conocer a un chico que ________ (ser) español.
   ☻ Y, ¿por qué?
   ☺ No sé, los chicos españoles me parecen muy divertidos.

17.7 Esto me interesa

Pregunte en su clase si hay alguien que ... / no hay nadie que ... .

Ejemplo: ☺ ¿Hay alguien que sepa hablar bien francés?
☻ Sí, yo ... .

Menú:

saber hablar italiano	querer regalar su dinero
no necesitar dinero	preferir la lluvia
gustar la pizza	tener hechos los deberes
haber estado en Inglaterra	gustar estudiar
tocar el piano	dejar copiar los deberes
saber escribir a máquina	ducharse siempre con agua fría

17.8 Para recordar

a) *Apunte todos los verbos, adjetivos, sustantivos, etc. que relacione con los siguientes dibujos.*
Tiene 5 minutos de tiempo.

Ejemplo: meter en, ir de excursión, pesada ...

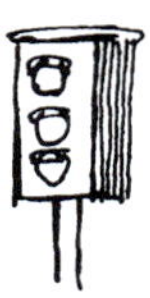

b) *Compare su lista con la de su compañero/a y añada las expresiones que le faltan.*

17.9 ¡ Vaya ofertas!

Escuche y lea lo que pone en este anuncio.

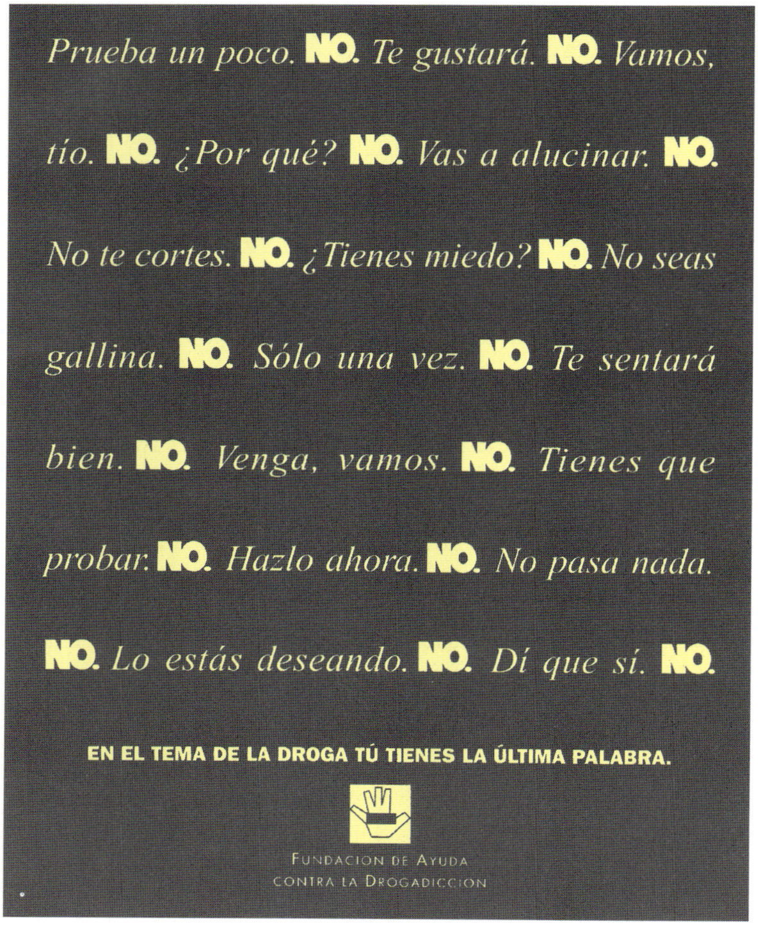

1. ¿De qué se trata?
2. ¿Quién habla con quién?
3. ¿Por qué contesta esa persona siempre que no?
4. ¿Qué formas emplea casi siempre la otra persona?
5. ¿Qué piensa de la actitud de los dos? ¿Es real la situación?
6. ¿Qué piensa usted de este anuncio?

17.10 ¿Tú o usted?

a) *Escuche los siguientes minidiálogos.*

b) *Conteste las preguntas.*

1. ¿Qué personas hablan?
2. ¿Dondé tienen lugar estas situaciones?
3. ¿En qué diálogos emplean el tú, el usted o las dos formas?
4. ¿A quién trata usted de tú o de usted?
4. ¿Piensa que en España es así también?
5. ¿Y cómo es en Hispanoamérica?

Lección 18

18.1 ¡Vaya viaje!

a) *Escuche el siguiente diálogo entre Patricia y Marcos que hablan de las próximas vacaciones.*

Bariloche

Buenos Aires, Calle Lavalle

Lago Argentino, Patagonia

b) *Conteste estas preguntas.*

1. ¿A qué Córdoba piensa ir?
2. ¿Con quién irá Patricia de viaje?
3. ¿Por qué irán a Córdoba?
4. ¿Qué harán en la Pampa?
5. ¿En qué parte del país están Bariloche y la Patagonia?
6. ¿Cómo se llama la capital de Argentina?

18.2 ¿Suposiciones?

a) *Rellene las lagunas con las formas del futuro correspondientes.*

1. ☺ ¿Qué ________________ (hacer) Javi este domingo?
   ☻ ________________ (dormir) hasta muy tarde.

2. ☺ ¿________________ (salir, tú) hoy a dar una vuelta?
   ☻ No sé si ________________ (tener) ganas.

3. ☺ ¿Cuánto tiempo ________________ (quedarse) aquí sus padres?
   ☻ Me imagino que ________________ (quedarse) esta semana.

4. ☺ ¿Cuándo ________________ (venir) Raquel a la fiesta esta noche?
   ☻ Creo que ________________ (venir) a las siete.

5. ☺ ¿________________ (dormir, vosotras) todas en casa de Raquel?
   ☻ No sé, pero yo sí ________________ (dormir) en su casa.

6. ☺ ¿Tu crees que Raquel ________________ (querer) ir de paseo con el perro?
   ☻ Sí, seguro que sí.

7. ☺ ¿________________ (saber) Javi que tenemos un regalo para él?
   ☻ No, no lo creo.

8. ☺ ¿________________ (jugar, vosotros) con nosotros al fútbol?
   ☻ Sí, claro, a las tres.

9. ☺ Esta chaqueta ________________ (valer) mucho, ¿no?
   ☻ No lo sé, pero parece que sí.

18.3 Excursiones y viajes

Aquí tiene varias propuestas de lo que podrá hacer en sus próximas excursiones o viajes.

Zoo de Barcelona
En el Zoo de Barcelona habrá un taller[1]. Se estudiarán las principales características de los animales. Además se visitarán ciertos animales y se alimentarán. El precio es de 13.500 pesetas y no incluye ni el viaje ni el alojamiento[2].

Delta del Ebro en bici
Será posible recorrer el Parque Natural del Delta del Ebro alquilando una bicicleta (1.500 pesetas por día). Existirá la posibilidad de observar algunos pájaros en su ambiente natural. Una vez se hará una excursión para observar los flamencos[3]. Alojamiento posible en una pensión por 4.000 pesetas.

Parque de Doñana
Será en un fin de semana.
Se podrán dar paseos a caballo para visitar el parque.
Se visitarán los observatorios de aves[4] en compañía de un biólogo. También se podrán hacer excursiones en un coche todoterreno[5].
Alojamiento en una pensión. Precio 16.500 pesetas.

En tren
Los menores de 26 años podrán viajar con la famosa tarjeta de Inter Rail.
Esta tarjeta permite moverse en tren por toda Europa durante un mes.
Será una forma diferente de recorrer el continente europeo.
Para más información: pregunte en una estación de RENFE.

A vela[6] hasta las Islas Baleares
Este viaje durará una semana.
El velero[7] partirá de Barcelona o Denia a Menorca y Mallorca.
Usted tendrá que ayudar en el barco a hacer ciertos trabajos.
El precio es de 60.000 pesetas por persona, más 10.000 pesetas para la comida. Salidas cada lunes.

---

[1] el taller: *hier: Workshop, Seminar*
[2] el alojamiento: *Unterkunft*
[3] el flamenco: *Flamingo*
[4] el ave (las aves): *Vogel*
[5] el coche todoterreno: *Geländewagen*
[6] la vela: *Segel*
[7] el velero: *Segelboot*

Cerámica en Asturias
Cursos de cerámica durante 4 horas diarias, cerca de la costa en Villaviciosa. Se aprenderá la técnica. Habrá posibilidades de visitar lugares turísticos. Alquiler de bicicletas. Una semana costará 40.000 pesetas.

Festival de música joven de Granada
Se celebrará de junio a agosto en la capital andaluza.
Habrá intérpretes muy famosos. Dos noches de hotel más la entrada a un concierto costarán 35.000 pesetas.

("El País": "El País de las tentaciones", 3-6-1994. Texto adaptado.)

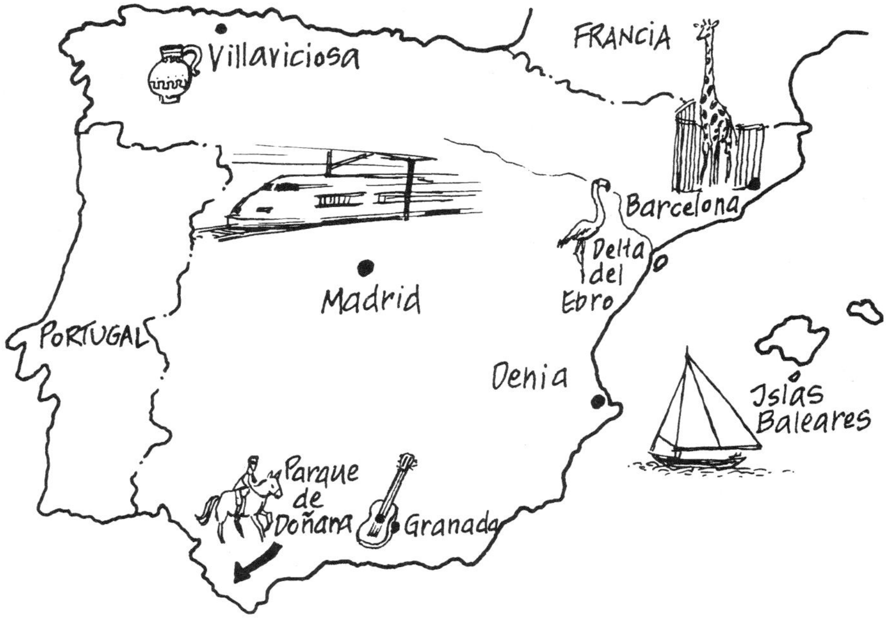

a) *Decídase por un viaje.*
Hable con su compañero/a de lo que hará, de lo que costará, etc.

b) *No está muy seguro/a si su decisión es correcta.*
Hable con su compañero/a de lo que podría hacer en las otras excursiones, lo que costarían, etc.

18.4 Un horóscopo diferente

a)

	1	2	3	4	5	6	7	8	9
Trabajo	MF	B	MB	B	MB	B	R	MB	R
Salud	B	E	B	M	B	MB	B	B	R
Amor	B	B	M	R	MB	E	B	MB	B
Amistad	MB	B	MB	B	MB	B	MB	B	R
Familia	MF	MB	MB	B	MB	B	B	B	B
Viajes	B	B	MB	B	B	MB	R	B	B
Dinero	B	B	M	R	MB	B	B	R	B
Sorpresas	F	F	F	D	F	F	F	F	D
Número de suerte	1	17	65	34	8	54	33	12	26
Días favorables	2	2	2	27	2	2	27	30	30
Días desfavorables	28	29	4	29	29	1	29	2	2

B = bien, D = desfavorable, E = excelente, F = favorable, M = mal, MB = muy bien, MF = muy favorable, R = regular

¿Cómo saber su número?
Sume los números de su fecha de nacimiento y redúzcalos a un solo número.
Por ejemplo usted nació el 15 de noviembre de 1984:
15 + 11 + 1 + 9 + 8 + 4 = 48;   4 + 8 = 12;   1 + 2 = 3
Según este ejemplo su número sería el 3.
("El País", Pasatiempos, 7-11-1994. Texto adaptado.)

b) *Mire a ver qué número tiene usted. Su compañero/a con un poco de imaginación le dirá como será la semana que viene.*

Ejemplo: ☺ ¿Cómo andaré de amores?
☻ Bien. Seguirás como hasta ahora, sin cambios.
☺ ¿Y de familia?
☻ Muy bien, no reñirás con tus hermanos.
☺ ¿Y de ...?
☻ ...

18.5 ¿Por qué me decido?

Ponga el indicativo o el subjuntivo, según lo exija el contexto.

1. ☺ Mientras no ______________ (haber) protección, el tigre seguirá en peligro de extinción.

   ☻ ¿Y qué podríamos hacer nosotros?

2. ☺ Tranquilízate. Ya llegará.

   ☻ Ay, no puedo, estoy muy nerviosa y no estaré tranquila hasta que Javi no ______________ (volver) de la excursión.

3. ☺ ¿Cuándo harás la comida?

   ☻ Cuando ______________ (llegar) los niños, porque, si no, se enfría.

4. ☺ Hasta que no les ______________ (decir, nosotros) lo que quieren saber, no nos dejarán en paz.

   ☻ Pues bien, entonces se lo decimos.

5. ☺ ¿Qué le pasa al perro que no para de ladrar[1]?

   ☻ Tiene hambre. En cuanto le ________ (dar, él) de comer, parará.

6. ☺ No trabajaron solos hasta que no ______________ (tener) suficiente experiencia.

   ☻ Se nota.

7. ☺ ¡Qué alegría! Nuestras tías nos vienen a ver. Siempre que ______________ (venir, ellas) nos traen regalos.

   ☻ Y, ¿cuándo vendrán?

   ☺ No lo sabremos hasta que no nos ______________ (llamar, ellas).

8. ☺ Miguel y Luisa llegaron bien.

   ☻ ¿Cómo lo sabes?

   ☺ Llamaron a sus padres en cuanto ______________ (estar) en el hotel y ellos me lo dijeron a mí.

---

[1] parar de ladrar: *aufhören zu bellen*

9. ☺ ¿Me traes el desayuno a la cama?

☻ No, no tengo ganas. Está todavía sin preparar y no pienso hacerlo hasta que no ______________________ (levantarse, tú).

10. ☺ ¿Por qué estáis tan callados?

☻ Porque el niño está durmiendo y mientras ______________________ (dormir) no queremos hacer ruido para que no se despierte.

11. ☺ Qué bien habla el francés.

☻ Sí, pero tuvo que estudiar mucho hasta que lo ______________________ (aprender) bien.

18.6 Y todo empezó tan bien ...

Redacte la historia con los tiempos del pasado, empleando el siguiente vocabulario.

Menú:

hacer sol, subir por el monte, escalar[1], caerse, estar herido, la perra, ladrar fuerte, ser de noche, buscar, encontrar, llevar a ..., la camilla[2]

[1] escalar: *klettern*
[2] la camilla: *Tragbahre*

Era una mañana de invierno muy fría. Inés y Agustín salieron de casa con su perra Tula ...

✳✳ 18.7 Mi perra no me habla

Rosa Montero es una famosa periodista y escritora española. Nació en Madrid y estudió periodismo y psicología.

a) *Texto de lectura. Use el diccionario.*

Tengo una perra vieja que se cree un ser humano. No soporta la soledad y este defecto parece haber ido empeorando con la edad; ahora es rencorosa y vengativa como un elefante.
El otro día le preparé la cena y me marché de casa. Cuando regresé, varias horas más tarde, la comida estaba intacta y, lo que es más, no probó tampoco ni un bocado en mi presencia.
Me preocupó un poco, porque mi perra es en general muy glotona. Además se veía que estaba triste, melancólica. Se quedaba echada sin moverse y sin dar señales de cariño. Empecé a pensar que estaba enferma.
Pero en ese momento entró mi pareja por la puerta, y la perra cambió de actitud inmediatamente. Le brincó, le sonrió y, ya con él delante, comió alegremente sin parar de menear el rabo.
Entonces comprendí que antes no estaba enferma, y ni siquiera triste: estaba enfadadísima conmigo, porque yo había sido la última en marcharme de casa y por eso era la culpable de su soledad.
Y lo peor es que han pasado un par de días y esta perra tirana sigue sin hablarme ...

(Rosa Montero: "Mi perra no me habla". El País Semanal, 12-7-1992. Texto abreviado y adaptado.)

b) *Conteste estas preguntas.*

1. ¿Cree usted que los elefantes son rencorosos y vengativos?
2. ¿La perra comió después de regresar la autora a casa?
3. ¿Le gustaba hacer dieta a la perra?
4. ¿Cómo sabe mostrar cariño un perro?
5. ¿Hasta cuándo siguió enfadada la perra?
6. ¿Piensa usted que es una historia real?
7. ¿Piensa usted que los animales que viven con el hombre reaccionan como las personas?
8. ¿Qué significa la frase "mi perra no me habla"?

** 18.8 Medio ambiente

Texto de lectura. Use el diccionario.

Uno de cada cinco árboles españoles está enfermo
El 19,3 % de los árboles españoles está enfermo a causa de la contaminación atmósferica …
(El País, 5-3-1995)

Resultados de la Cumbre de la Tierra – Río '92
La Cumbre de la Tierra o Conferencia de las Naciones Unidas sobre el Medio Ambiente y Desarrollo ha sido uno de los más bellos gestos colectivos al inicio de esta década para contribuir a difundir la información sobre el actual proceso de la biosfera …
(Anuario El País, 1993)

Los noventa y el medio ambiente
A lo largo de los últimos años se han podido comprobar fenómenos preocupantes como el alarmante aumento de la desertización, disminución de la capa de ozono, efecto invernadero, pérdida de la diversidad biológica …
(Anuario El País, 1993)

El primer cementerio radiactivo
Los residuos radiactivos de baja y mediana intensidad que genera España ya tienen su propio cementerio. El lugar elegido es El Cabril, a 30 km de dos grandes poblaciones andaluzas. Allí descansarán definitivamente los residuos radiactivos de unas 250 instalaciones españolas, incluidas las nueve centrales nucleares que hay en España.
(Anuario El País, 1993)

Decibelios de tortura
Motocicletas a todo gas, sirenas y cláxones de automóviles …
(El País, 10-3-1994)

La capital de México se está muriendo por envenenamiento, advierte el gobierno ...

"Nos estamos matando". Con esta frase la publicidad oficial intenta convencer a la opinión pública del peligro que representa la contaminación atmosférica alcanzada en la Ciudad de México, la capital más poblada y más contaminada del mundo.

(El País, 20-3-1989)

Chile

... "Todos estos árboles se los están llevando para hacer muebles, palillos, perfumes, jabones, alcohol ... Se llevan hasta el canelo, que en Chile es el árbol sagrado de los mapuches. ... Lo convierten en bolitas para preservar la ropa en los armarios. Y no plantan nada en su lugar". ... "Pueden arrancar hasta arbolillos de diez centímetros de diámetro. Están asesinando el futuro".

(El País Semanal, 9-8-92)

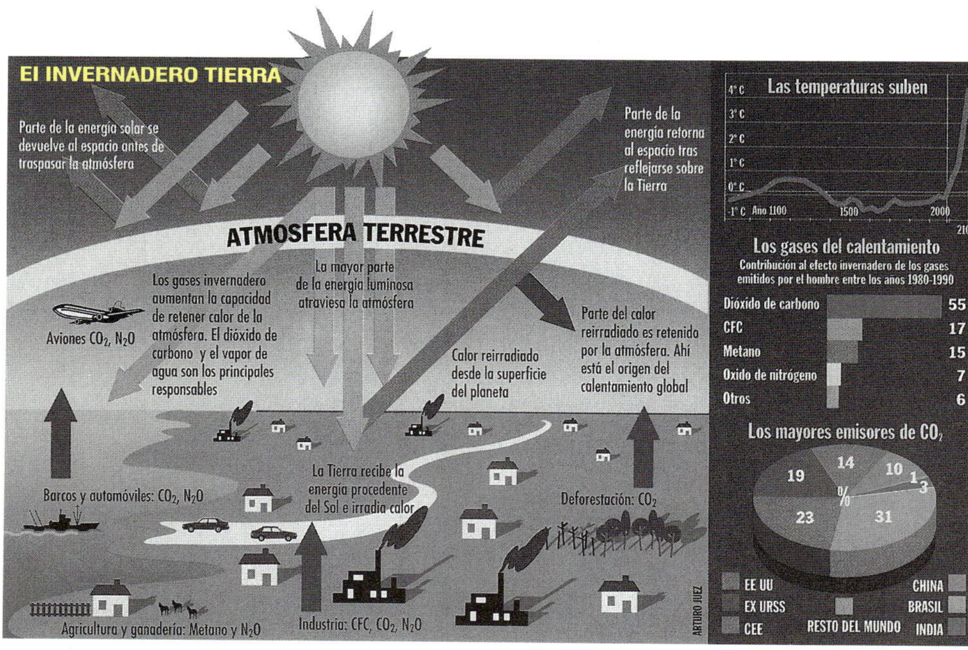

(Cambio 16, 6-3-95)

18.9 ¡Qué animales!

Aquí ve un "parque zoológico". Estos animales normalmente no viven juntos. Pero, ¿dónde viven normalmente?
Diga cómo se llaman estos animales y dónde viven. Use el diccionario.

Viven en

la casa: ____________________

el campo: ____________________

el bosque: ____________________

la montaña: ____________________

el desierto: ____________________

la sabana: ____________________

la selva: ____________________

**

18.10 ¿Qué es qué?

Ponga el número del dibujo que corresponda a cada frase.

- ☐ tener un humor de perros
- ☐ llevarse como el perro y el gato
- ☐ ser la oveja negra
- ☐ matar dos pájaros de un tiro
- ☐ tomar el toro por los cuernos
- ☐ jugar a la gallina ciega
- ☐ un perro faldero
- ☐ no ver ni a un burro a tres pasos
- ☐ de noche todos los gatos son pardos

Lección 19

19.1 Somos muy formales

a) *Ponga las formas correspondientes de los siguientes verbos.*

infinitivo	presente (indicativo) yo	presente (subjuntivo) yo
decir	______	______
salir	______	______
tener	______	______
romper	______	______
entrar	______	______
traer	______	______
poner	______	______
hacer	______	______
conducir	______	______

b) *Ponga las formas correspondientes de los siguientes verbos.*

infinitivo	indefinido (indicativo) yo	 ellos/as	imperfecto (subjuntivo) yo
decir	______	______	______
salir	______	______	______
tener	______	______	______
romper	______	______	______
entrar	______	______	______
traer	______	______	______
poner	______	______	______
hacer	______	______	______
conducir	______	______	______

**

19.2 México antes y hoy

Texto de lectura. Use el diccionario.

Benito Juárez
Era indio zapoteco. En 1861 llegó a ser Presidente. Ha sido hasta hoy el único Presidente indígena en México. Benito Juárez todavía hoy sigue siendo muy popular.

La Revolución de México
Duró de 1910 a 1920. Fue una verdadera lucha del pueblo por una reforma agraria. Sólo un dato en este contexto: en 1910 el 1 % de la población poseía el 96 % de las tierras. En esta revolución lucharon auténticos campesinos como Emiliano Zapata.
En 1994, en Chiapas, en el sur de México, tuvo lugar una de las muchas rebeliones de los indígenas, en su mayoría mayas. Exigían justicia, más derechos y tierra. Protagonista de esta rebelión fue el EZLN, el Ejército Zapatista de Liberación Nacional.

19.3 Los Villa y su hijo

a) *Lea este texto.*

Los Villa son mexicanos. Tienen una tienda en Montemorelos, cerca de Monterrey. El negocio funciona muy bien y tienen dinero.
Los Villa quieren que Pancho, su hijo, estudie. No desean que se pase la vida de vendedor como ellos.
Por eso quieren que Pancho empiece a estudiar en la Escuela de Economía de la Universidad de México.
Pancho tiene ya 18 años y no admite que sus padres le digan lo que debe hacer. Prefiere quedarse en Monterrey y seguir trabajando en la tienda de sus padres.
Conoce ya México D. F. porque ha estado varias veces en las vacaciones, pero no quiere vivir allí. No le gusta que en México D. F. sea todo tan anónimo.
Además le molesta que el tráfico sea tan caótico y que casi no se pueda respirar porque el aire está muy contaminado.
Otra razón, y la más importante, es que nunca le ha gustado estudiar y que ha tenido siempre muchos problemas. Dice que le pone nervioso, histérico

e incluso le deprime que sus compañeros saquen mejores notas que él aunque no estudien tanto.
Pancho tiene que hablar con sus padres pero teme que no lo entiendan y se enfaden con él.

b) *Ponga frase por frase en los tiempos y modos del pasado.*

Los Villa eran mexicanos …

19.4 ¿Cómo que como si …?

Rellene las lagunas con el tiempo y modo correspondientes.

1. ☺ ¿Sabe hablar bien el francés?
   ☻ No, pero habla como si lo ______________________ (saber) perfectamente.
2. ☺ ¿Por qué fueron en bus?
   ☻ Como no ______________________ (tener, ellos) coche, pensaron que era lo mejor.
3. ☺ ¿Cómo ______________________ (piensas, tú) que va a decidirse?
   ☻ Quién sabe.
4. ☺ No tiene carnet, ¿no?
   ☻ No tendrá carnet pero conduce la moto como si ______________________ (tener) mucha experiencia.
5. ☺ ¿Qué tal anda Manuel de dinero?
   ☻ Dice que anda mal, pero compra tantas cosas como si ______________ (ser) millonario.
6. ☺ ¡Qué cambios!
   ☻ Sí, imagínate cómo ______________________________ (sorprenderse) Humboldt si viera el México de hoy.
7. ☺ Inés está muy morena.
   ☻ Sí, claro, se ponía todos los días al sol, como si no ______________________ (conocer) el peligro.

8. ☺ ¿No querías ir a pasear?

☻ Sí, ¿por qué me preguntas?

☺ Porque te has vestido como si ________________ (ir, tú) a una fiesta.

9. ☺ ¿Qué ha hecho Juan esta semana?

☻ Ha pasado mucho tiempo en la piscina como si no ________________________ (tener) que estudiar.

19.5 A ver quién tiene más

a) *Construya todas las frases que sean posibles.*

Me molesta Era posible Es lógico Ojalá Me gusta Esperaba	que Ø	estudies mucho. tuviera una cita. estéis tristes. podamos ir de vacaciones. llames todos los días. no llevara dinero suelto. lo hayan tratado así. coma carne. me prohíban todo. llegara tarde. dijera la verdad.

b) *Compare sus frases con las de su compañero/a.*
¿Quién es el/la que tiene más frases correctas?

19.6 ¿Qué sería si fuera …? – Asociaciones

Usted con ciertas cosas asocia ciertas cualidades. Por ejemplo, con un palacio quizás asocie "riqueza, algo grande, algo frío", *etc.*
Ahora usted se decide por una persona concreta de su clase o una persona famosa que todos conocen.
El grupo tiene que acertar[1] *de quién se trata sólo preguntando de esta forma:*

[1] acertar = adivinar

☺ ¿Si esta persona fuera un edificio qué sería?

Usted contesta con la expresión que piensa que caracteriza a esta persona:

☻ Sería un palacio.

Sigan así hasta que el grupo adivine de quién se trata.

Si fuera un edificio, sería
– una casita en el campo
– un palacio
– un monumento histórico
– …

Si fuera una ciudad, sería
– Madrid
– Nueva York
– Buenos Aires
– …

Si fuera ropa para vestir, sería
– un vestido
– unos pantalones
– un abrigo
– …

Si fuera una parte del cuerpo, sería
– la mano
– el ojo
– la cabeza
– …

Si fuera un animal, sería
– un burro
– un león
– un conejo
– …

Si fuera un mueble, sería
– una mesa
– una silla
– un armario
– …

Si fuera un medio de transporte, sería
– un camión
– un tren
– un escarabajo[1]
– …

Si fuera una habitación, sería
– un pasillo
– un dormitorio
– un comedor
– …

Si fuera una bebida, sería
– un café con leche
– té sin azúcar
– un refresco
– …

Si fuera una comida, sería
– una paella
– una ensalada
– un bocadillo
– …

etc. …

19.7 Tantas condiciones!

Transforme las frases como en el ejemplo.

Ejemplo: ☺ ¿Por qué no te quedas?
☻ Me gustaría quedarme, pero ya es muy tarde.
De verdad, si no fuera tan tarde me quedaría.

1. ☺ ¿Luis saca buenas notas?
☻ No, saca notas malísimas porque no estudia nada.
De verdad, si …

[1] el escarabajo: *hier: VW-Käfer*

2. ☺ ¿Qué le pasa?
☻ No se encuentra bien porque está nerviosa.
Si …
3. ☺ ¿Jugamos al baloncesto?
☻ Me gustaría jugar pero me duele la rodilla.
De verdad, si …
4. ☺ ¿Damos un paseo?
☻ Me encantaría, pero con el tiempo que hace …
Si …
5. ☺ Javi está muy gordo, ¿no?
☻ Sí, está muy gordo porque come muchos dulces.
Si …
6. ☺ Pobre de ti, ¡qué catarro[1]!
☻ Sí, estoy resfriado[2] porque no como fruta, no hago deporte …
Si …

⁂ 19.8 Lluvia de palabras

Forme dos grupos, un grupo A y un grupo B.

Uno de ustedes, del grupo A, dice una de las siguientes expresiones en voz alta. Los del grupo B tienen que decir rápidamente (30 segundos) todas las palabras que conocen y que tienen que ver con este concepto. Su profesor/a va contando las palabras correctas en la pizarra.

Después, alguien del grupo B lee otra expresión en voz alta. Los del grupo A tienen ahora que decir todas las palabras que sepan.

Menú:

profesiones nacionalidades capitales en Latinoamérica objetos en un hotel lo que se hace después de levantarse	Comunidades Autónomas en España objetos en la sala de estar juegos/deportes etc. …

Ganará el grupo que diga más palabras correctas.

---

[1] el catarro: *die Erkältung*
[2] resfriado/a: *erkältet*

19.9 Tradiciones mexicanas

Las piñatas

En Navidad, en los cumpleaños y otras fiestas, los mexicanos hacen piñatas. Las piñatas suelen ser de barro y se decoran luego con papeles de colores. Dentro llevan dulces, frutas, juguetes o pequeños juegos. La piñata se cuelga y un niño con los ojos tapados trata de romper la piñata con un palo. Cuando está rota, los niños se lanzan al suelo para recoger los dulces o juguetes.

El culto de los muertos

Es seguramente una tradición incomprensible para los europeos. Los mexicanos, y sobre todo los indígenas, ven la muerte de forma diferente a como la vemos nosotros. La tratan con humor, como algo que hay que aceptar. El día de los muertos, a los niños les regalan calaveras o esqueletos de azúcar. Los indígenas creen que los muertos vuelven cada año; y por eso preparan la comida que más le gustaba al muerto. Van a los cementerios y, en las tumbas, comen y beben y hasta incluso pasan allí toda la noche.

Calaveras de azúcar

✲✲

19.10 Una leyenda azteca

Texto de lectura y comprensión.
Use el diccionario.

El descubrimiento del maíz

Después de crear a los hombres, los dioses tuvieron un nuevo problema. ¿Cómo les podrían dar el maíz para que tuvieran para comer?

El maíz estaba escondido en un lugar que nadie conocía, el Monte del Maíz. Sólo las hormigas sabían dónde se encontraba.

Un día una hormiguita roja iba hacia el Monte a buscar granos de maíz. Cuando regresaba, el dios Quetzalcóatl, llamado la Serpiente Emplumada, la encontró por el camino y le preguntó:

– ¿Dónde fuiste a buscar el maíz? Dímelo hormiguita, los hombres se mueren de hambre y tenemos que darles de comer.

Pero la hormiga no quería decírselo. Al fin, conmovida, la hormiga señaló con una antena y le dijo:

– ¿Ves aquel monte que se ve a lo lejos? Pues es allí, pero no vas a poder entrar, porque solo hay un pequeño hueco para las hormigas.

– No importa. Llévame hasta allí, que yo ya sabré cómo entrar.

Y allí, por arte de magia, Serpiente Emplumada se convirtió en una hormiga negra.

La hormiga roja y la hormiga negra sacaron todos los granos de maíz que necesitaban y dieron de comer a todos los dioses y a todos los hombres.

Y para que nadie más tuviera que pasar hambre, hablaron con el dios de la Lluvia y este hizo llover por toda la tierra. Entonces el dios mandó un rayo y abrió en dos el Monte del Maíz.

Fue entonces que los dioses robaron todo el maíz. El maíz blanco, el amarillo, el rojo …

(Vivien Acesta Julián: "Hombres, Dioses y Soles". La Habana: Editorial Gente. Texto resumido y adaptado.)

Lección 20

20.1 Participado

a) *Escuche estos diálogos y preste atención a los participios.*

b) *Apunte los participios y escriba el infinitivo correspondiente.*

Ejemplo:

Diálogo 1: dicho → decir ______ enfadado → enfadar ______

Diálogo 2: ______ ______

Diálogo 3: ______ ______

Diálogo 4: ______ ______

Diálogo 5: ______ ______

Diálogo 6: ______ ______

Diálogo 7: ______ ______

Diálogo 8: ______ ______

c) *Formule ahora usted frases con estos participios y compárelas con las de su compañero/a y después con las del grupo.*

20.2 Ya no hay remedio

¿Qué habría sido diferente si usted hubiera nacido chico/chica?

a) *Formule con las indicaciones del menú frases como en los ejemplos siguientes.*

Ejemplo: (usted es un chico)
– Si hubiera nacido chica, no tendría que hacer la mili.

Ejemplo: (usted es una chica)
– Si hubiera nacido chico | no me pondría faldas.
| no me podría poner faldas.

Menú:

(no) tener que fregar[1] los platos	(no) hacer la mili
(no) ir de compras	(no) saber cómo arreglar la bici
(no) ponerse faldas	(no) tener que arreglar su habitación
(no) poder ser … (profesión)	(no) jugar al fútbol
(no) jugar con muñecas[2]	

b) *Piense en más situaciones.*

20.3 Juanito tiene mala pata[3] o las catástrofes de la vida

a) *Lea las catástrofes que le pasaron a Juanito.*

- En 1985 se rompió una pierna porque se cayó de la bici.
- En 1987 no aprobó el curso porque no había estudiado nada. Tuvo que repetir.
- En 1988 se le murió el hámster porque se le había olvidado darle de comer.
- En 1989 se compró un ordenador carísimo de su dinero, pero sin preguntarles a sus padres. Sus padres se enfadaron muchísimo y no le permitieron ir de vacaciones.
- En 1990 le robaron la bici porque la dejó toda la noche fuera.
- En 1991 lo atropelló un coche porque cruzó el semáforo en rojo. Estuvo 3 semanas en el hospital.
- En 1993 no pudo cobrar[4] el dinero que le tocó en la lotería porque había perdido el billete.
- En 1995 riñó con su mejor amigo porque a los dos les gustaba la misma chica. Desde entonces no se hablan.

b) A pesar de todas estas catástrofes, Juanito era un hombre feliz. Pero naturalmente habría sido más feliz si no le hubieran pasado tantas cosas desagradables.

Escriba como en el ejemplo, qué tendría que haber hecho para evitar las catástrofes.

Ejemplo: Si Juanito hubiera tenido más cuidado, no se habría caído de la bici. Si Juanito …

---

[1] fregar: *spülen*
[2] la muñeca: *die Puppe*
[3] tener mala pata: *Pech haben*
[4] cobrar: *hier: ausgezahlt bekommen*

c) A usted seguramente también le habrán pasado algunas cosas desagradables.
   – *Escriba qué cosas.*
   – *Dialogue con su compañero/a cómo las podría haber evitado.*

20.4 ¡Dime por qué!

Usted ha ganado un viaje al Caribe para dos personas. El único problema es que tiene que acompañarle una de las siguientes personas.

Merche: 16 años, simpática, un poco egoísta, le gusta dormir hasta muy tarde, juega muy bien al tenis, va todos los fines de semana a la montaña.

Pepe: 23 años, reservado y sensible, habla inglés y francés, le gusta la música rock, fuma mucho, los fines de semana suele ir a bailar.

Antonio: 12 años, vago e inteligente, no le gustan los deportes, ve mucho la tele y lee libros de ciencia ficción.

María: 25 años, muy práctica y sencilla, cocina muy bien, le gustan los perros y los gatos y les deja que duerman con ella en la misma cama; hace mucho deporte, sobre todo le gusta nadar en el mar y el surfing.

Quique: 30 años, serio y trabajador, pinta y dibuja muy bien, le gusta la vida familiar, ronca[1] por las noches, toca la guitarra muy bien y ama el sol.

Montse: 18 años, cariñosa y amable, no le gusta el deporte, pero le gusta el mar y pasear por la playa; habla mucho.

a) *Decídase por una de estas personas.*

b) *Comente con su compañero/a por qué no se ha decidido por las otras personas.*

Ejemplo: ☺ ¿Por qué no te has decidido por Montse?
☻ Me habría decidido por Montse si a ella le gustara el deporte y si no hablara tanto.
...

---

[1] roncar: *schnarchen*

20.5 Un mal día

a) *Lea lo que cuenta esta chica.*

Ayer no sé qué le pasaba a mi madre. Me estuvo riñendo todo el día.
Nada más levantarme, ya me dijo que me diera prisa, porque si seguía así, no iba a llegar puntual al cole. Luego, antes de irme, me ordenó que me quitara los pantalones que llevaba porque estaban sucios. Me puse otros, pero ella me obligó de nuevo a que me cambiara porque esos estaban rotos. Y claro, llegué tarde.
Cuando volví a casa, todavía estaba de mal humor. Para comer había hecho sopa. A mí no me gusta la sopa, pero ella dijo que me la comiera, que no me quejara[1] tanto y que pensara que había mucha gente que sufría hambre. Me la comí y pensé que ya era hora de descansar[2] un poco y de olvidarme de las cosas desagradables de la vida. Pero mi madre me dijo que antes de descansar lavara los platos, que después saliera con el perro a dar una vuelta y que luego hiciera los deberes. No me quedó otro remedio. Hice lo que ella quería.
Después de hacer lo que me había mandado, iba a ver un poco la tele. Pero no conté con mi madre. Nada más ponerla, vino y me dijo que la apagara porque sería mucho mejor que leyera un buen libro. Y que me acordara que todavía no había arreglado mi habitación.
Eso fue demasiado. Me enfadé yo también y le contesté de mala forma. Ella aún se enfadó más y me dijo que no fuera tan mal educada y que no le contestara de tal forma porque se iba a enfadar. Yo le contesté que no era posible que se enfadara más, porque ya había estado todo el día enfadadísima y eso sin tener razón.
Eso le dio que pensar. Salió de la habitación y después de unos minutos volvió y me dijo que perdonara, que había tenido un mal día y que …

b) *Subraye en el texto las órdenes indirectas.*

c) *Formule órdenes directas como en el ejemplo.*

Ejemplo: ☺ … me dijo que me *diera* prisa …
☻ Me dijo: ¡*Date* prisa!

---

[1] quejarse: *jammern, sich beklagen*
[2] descansar: *hier: ausruhen*

20.6 Opiniones raras

a) *Lea lo que dicen estas personas.*

A mí no me gusta
la naturaleza.

Yo voy siempre en coche.

Yo tiro[1] siempre
la basura[2]
al suelo.

Siempre
llego tarde.

Tengo miedo de los perros.

Yo nunca voy al cine.

Yo riño mucho
con mis padres.

Nunca me río.

Nunca leo un libro.

b) ¿Usted está de acuerdo con lo que dicen estas personas?
Diga lo que piensa usted y construya y escriba frases como en el ejemplo.

---

[1] tirar: *werfen*
[2] la basura: *Abfall, Müll*

Ejemplo: Es extraño que no le guste la naturaleza.
A mí me encanta.

Emplee las siguientes expresiones.

Menú:

(no) es normal que	(no) es natural que
(no) es lógico que	(no) me extraña que
(no) es extraño que	(no) me parece normal/bien/ mal/absurdo que

20.7 Un desorden nuevo

Mire con atención el dibujo del libro del alumno en la página 108. Cierre el libro.
Ahora ve usted aquí el mismo dibujo, pero algunas cosas faltan o están cambiadas.

Diga qué cosas y dónde se encontraban antes. Si no se acuerda de todo, pregunte a su compañero/a.

20.8 ¿Cómo es su compañero/a?

¿Conoce bien a su compañero/a? ¿Qué piensa usted que haría su compañero/a en estas situaciones?

a) *Escriba su opinión cómo en el ejemplo.*

Ejemplo: Su compañero/a llega tarde a clase.
Si mi compañero/a llegara tarde, diría que ha perdido el autobús porque ha tenido que ayudar a una señora mayor a cruzar la calle.

1. Su compañero/a es delegado/a de curso[1].
2. Su compañero/a pierde la propina de todo el mes.
3. Su compañero/a se tiene que quedar todo el fin de semana en casa.
4. Su compañero/a puede hacer un viaje a Latinoamérica.
5. Su compañero/a riñe con usted.

b) *Pregúntele ahora a su compañero/a si es correcto lo que ha escrito sobre él/ella y si en realidad haría las cosas cómo usted se lo imagina.*
En caso de que no coincida su opinión con la de su compañero/a, pregúntele lo que haría.

20.9 ¿De qué están hablando?

Usted va a escuchar ahora cinco diálogos. Diga de qué están hablando estas personas. Ponga en el cuadrito el número del diálogo que crea correcto.

de una película	☐	*de la envidia*[2]	☐
del amor	☐	*de la tolerancia*	☐
de una excursión	☐	*de un viaje*	☐
de un animal	☐	*de un hermano*	☐
de un libro	☐	*de una bicicleta*	☐

[1] delegado/a de curso: *Klassensprecher/in*
[2] la envidia: *Neid*

20.10 Jóvenes

En lo que gastaban y gastan los jóvenes españoles su dinero:

	1974	1978	1982	1986	1990	1994
1°	Cine	Bares/ Bebidas	Tabaco/ Vicios	Diversiones	Diversiones	Diversiones
2°	Bares/ Bebidas	Tabaco/ Vicios	Bares/ Bebidas	Ropa/ Calzado	Ropa/ Calzado	Ropa/ Calzado
3°	Tabacos/ Vicios	Cine	Cine	Libros	Tabaco/ Vicios	Comida
4°	Discoteca/ Bailes	Discoteca/ Bailes	Discoteca/ Bailes	Tabaco/ Vicios	Comida	Tabaco/ Vicios
5°	Libros	Libros	Ropa/ Calzado	Comida	Vivienda	Cine
6°	Ropa/ Calzado	Discos	Libros	Transporte	Transporte	Vivienda

(adaptado de: "El País Semanal")

**

20.11 Una joven diferente

a) *Texto de lectura. Use el diccionario.*

Yolanda Godino

Hasta que empezó a estudiar publicidad, la vida de Yolanda Godino había sido la misma que la de cualquier otra chica de su edad. Nació en Madrid, fue a un colegio nacional y recibió una educación católica. No le interesaba la política, se divertía con sus amigos y le gustaba salir al monte los fines de semana.

En la Universidad, sin embargo, empezaron a surgir las diferencias. "Yo pensaba como mis compañeros que sería muy importante el puesto de trabajo que tendríamos después y que también eran importantes los problemas sociales. Pero pronto me di cuenta de que a ellos lo que les importaba era situarse bien y ganar dinero o tener mucho prestigio" explica. "Para mí, aquello no era tan importante, sino hacer algo que me llenara más".
Después de estudiar empezó en una agencia de publicidad y se dio cuenta de que se había equivocado. La agencia significaba todo aquello que su generación ama: la televisión, la belleza, el consumo.
Yolanda decidió dejar este trabajo y empezar a trabajar en una organización ecologista o humanitaria. Fue a la oficina de Greenpeace. Ahora trabaja para esta organización.
Yolanda afirma que, igual que a los demás, le preocupa la paz, el paro, las drogas, el sida y el tener tiempo libre.
"Hay mucha gente que se preocupa y que habla mucho de los problemas, pero cuando hay que hacer algo, no están dispuestos. A la oficina vienen a presentarse como voluntarios gente mayor o gente mucho más joven que nosotros. Mi generación no tiene interés. Lo de salvar la tierra no les preocupa en absoluto".

("El País Semanal", 7. 2. 1993. Texto adaptado y resumido.)

b) *Conteste estas preguntas.*

1. ¿Cómo definiría usted a Yolanda antes de entrar en la universidad?
2. ¿Qué cambio se produjo después en sus ideas y por qué?
3. ¿Por qué le pareció inaceptable el trabajo en la agencia? ¿Cómo reaccionó?
4. ¿Qué temas le preocupan y qué opinión tiene de los jóvenes de su generación?

c) *Diga su opinión.*

1. ¿Piensa usted que hay diferencias entre los jóvenes españoles y los jóvenes alemanes?
2. ¿A usted también le gustaría trabajar en una organización ecologista o humanitaria?
3. ¿Por qué sí? ¿Por qué no?

d) *Traduzca el texto al alemán.*

✻✻ 20.12 Carlos Saura – el dinosaurio del cine español

Texto de lectura y comprensión. Use el diccionario.

Carlos Saura es seguramente uno de los directores de cine más conocidos de España y con un alto prestigio internacional. Una de las películas más vistas en el extranjero es sin duda "Carmen" que pertenece a una trilogía sobre el flamenco. Pero Saura no ha hecho sólo películas sobre este tema, sino también sobre la Guerra Civil española, la época franquista y la posguerra.
Algunas de sus películas son:
"Cría cuervos", "La caza", "Dulces horas", "Bodas de sangre", "El amor brujo", "Ay, Carmela", etc. ...

Lea esta entrevista con Carlos Saura.

[...]
P. – ¿Cuál es su opinión sobre el cine español de estos momentos?
R. – En España está pasando una cosa muy curiosa, que sucedió muchas veces, en otras cuestiones. Cuando más dificultades hay, parece que surgen personas con más talento. Entonces, ahora que es muy difícil hacer cine, en España y en el mundo, porque hay problemas económicos grandes y porque es muy complicado montar una película, da la sensación como si hubiera una gran vitalidad en el cine español. [...]
P. – ¿Qué le parece la nueva ley de cine en España, que obliga a los cines a incluir un 33 % de películas españolas y europeas en la cartelera? ¿Eso es una posibilidad de fortalecer el cine español?
R. – Yo, lo que pasa es que creo que esta ley no debe ser solamente española. Deberían ser unas normas tomadas por toda Europa, en un intento de defender los productos europeos. Igual que hay leyes para proteger, no sé, las frutas o los automóviles de la competencia japonesa. [...]

"Carmen"

P. – ¿Volverá al flamenco, o a otro tipo de cine musical?
R. – Sí, sí, vuelvo al flamenco este año, y además al flamenco puro y duro. Uno de mis proyectos es hacer una película de una hora y media. Se llamará "Flamenco". Y se trata de recoger un poco el mundo del flamenco hoy en España, que me parece que es muy rico, muy amplio y muy interesante en todos los aspectos, ¿no? [...]
P. – ¿Qué ha significado el público europeo, quizá en concreto el público alemán, para su cine?
R. – A mí Alemania, siempre lo he dicho, me ha ayudado muchísimo, concretamente el festival de Berlín para mí ha sido fundamental, esencial, en los momentos más difíciles de mi carrera; por ejemplo, el premio que me dieron ya el año sesenta y algo, no sé exactamente, por "La caza" [1966], permitió que esa película fuera vista en España y en el mundo entero y que no fuera destruida. Seguramente hubiera sido prohibida por la censura española y destruida sin el premio de Berlín. [...]
P. – Durante algunos momentos, el cine español se identificó, quizá más en el extranjero, con su nombre. Usted era el cine español.
R. – No sé, no sé. A mí me parece muy mal que el cine de un país o la pintura de un país dependa de una sola persona. Siempre me ha parecido un error. [...]

("Ecos" 11/94. Entrevista realizada por Juan Ramón García Ober. Texto abreviado.)

Con "Carmen" y "Bodas de sangre" comenzó Carlos Saura su ciclo de películas dedicadas al baile flamenco. Ambas tuvieron gran éxito en Alemania.

"Bodas de sangre"

21.1 Pase lo que pase

a) *Construya todas las frases que sean posibles.*

Ejemplo: Pase lo que pase, no le importará.

Digan	como	digan	te encontraré.
Vaya	lo que	vaya	me compraré esa moto.
Sea	quien	sea	siempre nos resulta mal.
Cueste	donde	cueste	no lo creeré.
Estés		estés	tendrá que esperar como los demás.
Hagamos		hagamos	siempre tendrá problemas.
Pase		pase	no me importará.

b) *Compare sus frases con las de su compañero/a.*

21.2 Muchas recriminaciones[1]

Usted y estas personas tienen problemas en las siguientes situaciones. Practique con su compañero/a.

Ejemplo:
Su profesor le riñe porque no ha hecho los deberes. Usted le dice que ha estado enfermo.
☺ Deberías haber hecho los deberes, si no, vas a sacar muy malas notas en el próximo examen.
☻ Lo siento, los habría hecho si hubiera podido, pero ayer tuve fuertes dolores de cabeza y no pude hacerlos.

1. Su madre le dice que las zapatillas de deporte que se acaba de comprar son demasiado caras. Usted le dice que no tenían más baratas.
2. Su amigo le reprocha[2] que todavía no ha ido a ver a una amiga enferma. Usted le dice que no ha tenido tiempo.
3. Su padre se enfada porque ya se ha gastado toda la propina. Usted le contesta que se ha tenido que comprar un libro.

---
[1] la recriminación: *hier: Vorwurf* [2] reprochar: *vorwerfen*

4. Usted le cuenta a una amiga que ayer riñó con su hermano. Su amiga le dice que usted no tenía razón.
5. Su profesor le dice que ayer escribieron un examen importante pero que usted no vino a clase. Usted se disculpa y dice por qué.
6. Su madre le riñe porque usted ayer no dejó limpia la cocina después de cenar. Usted le dice que estaba muy cansado/a.
7. Su amiga le dice que otra vez ha llegado tarde y ya no hay entradas para el cine. Usted se excusa.

21.3 ¿Todo en vano[1]?

Complete las lagunas de las siguientes frases con las estructuras del menú.

Menú:

por mucho que + *verbo* / por más que + *verbo*
por + *adjetivo/adverbio* + que + *verbo*

Ejemplo:

☺ Estas zapatillas me gustan, son preciosas.

☻ *Pues por mucho que te gusten* ______ no te las puedes comprar, son demasiado caras.

1. ☺ No sé dónde está el libro, no lo encuentro. Voy a seguir buscando.

   ☻ ______ no lo vas a encontrar porque se lo dejaste a Miguel.

2. ☺ Estos vaqueros tuyos me están muy bien.

   ☻ ______ no te los voy a dejar porque me los quiero poner yo.

3. ☺ Este coche es viejísimo.

   ☻ ______ funciona de maravilla.

4. ☺ Oye, creo que este oso[2] es muy peligroso.

   ☻ ______ no tienes que tenerle miedo. Está encerrado en la jaula[3].

---

[1] en vano: *vergebens* [2] el oso: *Bär* [3] la jaula: *Käfig*

5. ☺ Me apetecería comer un trozo de melón.

☻ ________________________ no tengo melón en casa y las tiendas están cerradas.

6. ☺ Le he desaconsejado[1] a Juan que haga ese viaje.

☻ ________________________ si se ha empeñado[2], lo hará.

7. ☺ Está muy delgado. Creo que come muy poco.

☻ ¡Qué va! ________________________ no engorda.

8. ☺ ¡Qué calor hace! Estoy sudando[3].

☻ ________________________ yo no sudo nunca. Siempre tengo un poco de frío.

9. ☺ Tiene muchísimo dinero. Es muy rico.

☻ ________________________ nunca será un hombre feliz.

10. ☺ Llevo diez minutos buscando este pueblo en el mapa y no lo consigo encontrar.

☻ ________________________ no lo encontrarás porque es tan pequeño que no está en ningún mapa.

21.4 Sopa de sílabas

Si ordena bien las sílabas le saldrán palabras con sentido.

Ejemplo: RIO PE TA DIS = PERIODISTA

CU TÍ LO AR
CRI ES TOR
POR RO RE TE
TI DO SEN

CO NÓ MI E CO
TA VIS RE
FOR RE MA
LI RAL BE

DAD BLI PU CI
TE TU RA LI RA
BRA LA PA
TI PO CO LÍ

---

[1] desaconsejar: *abraten*
[2] empeñarse: *sich etwas in den Kopf setzen*
[3] sudar: *schwitzen*

21.5 A favor – en contra

Su compañero/a está siempre a favor, y usted siempre en contra de lo que se dice aquí.

Formulen diálogos como en el ejemplo empleando las estructuras del menú.

Ejemplo: En España cada vez se venden más coches.

Su compañero/a: ☺ Me parece bien que cada vez se vendan más coches en España. Es bueno para la industria.

Usted: ☻ Pues a mí me parece que no es bueno que se vendan cada vez más coches y que todos quieran ir en coche. No lo entiendo, porque todos saben que es muy malo para el medio ambiente.

Menú:

(no) es normal que	(no) es natural que
(no) es lógico que	(no) es bueno que
(no) me parece bien que	(no) me parece mal que
(no) está bien que	(no) está mal/bien que
(no) es evidente que	(no) es verdad que
(no) es cierto que	(no) está claro que

1. Sus amigos se han ido de excursión sin avisarle a usted.
2. Van a construir más carriles sólo-bici[1] en su ciudad.
3. Van a cortar unos árboles viejos en el parque.
4. Un amigo se ha gastado mucho dinero en unos pantalones de marca.
5. Su país va a gastar mucho dinero en construir autopistas.
6. Sus amigos han hecho una fiesta y no lo han invitado.
7. Van a prohibir la publicidad de bebidas alcohólicas en la tele.
8. Van a seguir los experimentos con animales.
9. Este año van a subir los precios otra vez.
10. Sus padres están en contra de que usted haga auto-stop.

[1] el carril sólo-bici: *Fahrradweg*

21.6 Cualquiera lo diría

Complete con "cualquier/a", *según sea necesario.*

1. ☺ ¿Cuándo te vas a Colombia?
   ☻ ____________________ día.
2. ☺ Iré a verte ____________________ de estos días.
   ☻ Sí, tengo muchas ganas de que vengas.
3. ☺ Qué mal vestida va. ¿Es tan rica como dicen?
   ☻ Sí, no es una persona ____________________.
4. ☺ ¿Qué te pasa, Jose?
   ☻ Tengo un problema grave.
   ☺ ____________________ que sea tu problema, tendrá solución. Lo único que tienes que hacer es hablar claro.
5. ☻ Mira, ¿qué piensas tú que debería hacer?
   ☺ Haz ____________________ cosa. Te criticarán, hagas lo que hagas.
6. ☻ ¿Otra vez se ha comprado vaqueros nuevos?
   ☺ Sí, y además que paga ____________________ precio. Aunque le cuesten un dineral, si le gustan, se los compra.
7. ☻ Tú sabes cuál es la solución, ¿no?
   ☺ Pues sí, eso lo sabe ____________________. No es tan difícil.

**

21.7 De detective

Forme varios grupos.
Ustedes van a escuchar ciertos indicios y deberán adivinar lo más pronto posible de qué se trata.
Cada palabra se describe con cuatro indicios. Si ustedes la adivinan después de oír el primer indicio, ganarán cuatro puntos, después del segundo tres puntos, y así.
Campeón es el grupo que más puntos haya conseguido.

Ejemplo:	La causa un virus.	(4 puntos)
	Se necesitan muchos pañuelos.	(3 puntos)
	Si la tienes te duele todo el cuerpo.	(2 puntos)
	Tienes tos y fiebre.	(1 punto)
Solución:	la gripe	

1. ______________________ 4 3 2 1
2. ______________________ 4 3 2 1
3. ______________________ 4 3 2 1
4. ______________________ 4 3 2 1
5. ______________________ 4 3 2 1
6. ______________________ 4 3 2 1
7. ______________________ 4 3 2 1
8. ______________________ 4 3 2 1

puntos ____________ ____________

21.8 ¿Cómo es quién?

Aquí ve varias personas que seguramente no conoce.
Si estas personas fueran de la forma que se las imagina,
– ¿cómo se llamarían?
– ¿qué profesión tendrían?
– ¿cuántos años tendrían?
– ¿de dónde serían?
– ¿estarían casados?
– ¿qué les gustaría hacer en su tiempo libre?
– ¿qué carácter tendrían?

Compare los datos que ha apuntado usted con los de su compañero/a.
Si son de opinión diferente, discuta con él/ella: ¿Quién podría tener razón y por qué?

Ejemplo:

Nombre:	Juan Bernal
Profesión:	violinista
Edad:	34 años
Nacionalidad:	español
Tiempo libre:	esquiar, leer
Carácter:	simpático

1

2

3

4

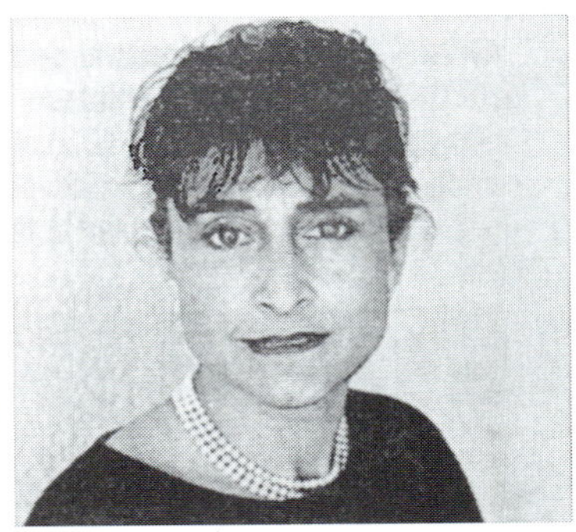

5

6

Lección 22

22.1 *Se* usa

¿Se acuerda de los diferentes usos del "se"*?*

1

Se ha roto el vaso.

2

- ☐ reflexivo
- ☐ impersonal
- ☐ pasiva refleja
- ☐ objeto indirecto (le/les)
- ☐ cambia el significado
- ☐ involuntario

3

Se ducha.

4

Se las han regalado sus nietos.

5

6

Se despierta.

Despierta a su hijo.

22.2 Así no se dice

Un periodista sin experiencia ha escrito este artículo. La redactora jefe le dice que tiene que mejorar el texto y cambiar todas las formas pasivas por activas o por la pasiva refleja. (ver G. 22.2). Ayúdele.

"El Marchas" detenido

Agencia Gafe. – "El Marchas", el presunto ladrón[1] de bicicletas, detenido ayer en la capital.

Ayer fue detenido por la policía el presunto ladrón P.A., alias "El Marchas".

P.A. es acusado[2] de haber robado cientos de bicicletas de montaña.

P.A., de 17 años de edad, fue descubierto en un bar de moda. La policía fue alarmada por el dueño del bar. Al parecer, P.A., sin pagar, había tratado de huir por la puerta de atrás del local. En ese momento fue visto por un camarero y poco después retenido[3] a la fuerza por el personal del bar hasta que vino la policía. P. A. en seguida fue reconocido por los dos policías como el famoso "El Marchas". P. A. fue herido levemente en la cabeza y tuvo que ser llevado al hospital María de los Remedios.

P.A. será hoy dado de alta[4] y a continuación[5] llevado a comisaría y será sometido allí a un interrogatorio[6].

Ya ayer la prensa fue informada por los padres del presunto autor. Los padres afirman que su hijo no tiene nada que ver con este asunto y que ni siquiera sabe andar en bici.

22.3 Entre ser y estar

Rellene las lagunas con las formas correspondientes de "ser" *y* "estar" *y adapte los participios.*

1. ☺ ¿Ha ido Manuela a reservar las entradas?

   ☻ No, no ha hecho falta. Ya __________ reservad___.

2. ☺ Creo que están haciendo una fiesta en casa de Jorge.

   ☻ ¿Por qué?

---

[1] el presunto ladrón: *der mutmaßliche Dieb*
[2] acusar: *anklagen*
[3] retener: *festhalten*
[4] dar de alta: *entlassen (hier: aus dem Krankenhaus)*
[5] a continuación: *dann, anschließend*
[6] someter a un interrogatorio: *einem Verhör unterziehen*

☺ Porque __________ encendid__ todas las luces de la casa y se oye música.

3. ☻ Este cuadro __________ pintad__ por el famoso Velázquez.

☺ ¿Y cómo lo sabes?

☻ Porque __________ escrit __ al lado del cuadro.

4. ☻ Nosotras __________ muert __ de hambre. ¿Y vosotros?

☺ También.

☻ Pues entonces vamos a cenar. La cena ya __________ preparad__.

5. ☺ Martina __________ muy abiert__.

☻ No lo creas. Lo parece, pero en realidad, nunca dice lo que piensa.

6. ☺ Oye, ¿puedo aparcar aquí el coche?

☻ No, aquí no. Más allá. Aquí __________ prohibid__.

7. ☺ La policía detuvo ayer a "El Marchas".

☻ Sí, pero después de dos horas __________ puest__ en libertad otra vez.

8. ☺ ¿Sabes quién construyó este palacio?

☻ No estoy muy segura, pero creo que __________ construid__ por Gaudí.

9. ☺ ¿__________ abiert__ las tiendas esta tarde?

☻ No, creo que __________ cerrad__.

22.4 Expresiones a su gusto

a) *Escriba con su compañero/a todas las expresiones que sepan con estos verbos.*

b) *Después, miren en el diccionario. Añadan y corrijan, si es necesario.*

Ejemplo:

estar de	viaje vacaciones compras pie buen/mal humor camarero ...

Menú:

ir/se	parecer/se
dar/se	dejar
tener	echar/se
poner/se	hacer
volver/se	

c) *Prepare un pequeño examen para su compañero/a. Formule cinco frases con lagunas a completar con uno de los verbos señalados.*

Ejemplo: No pudimos ________ de acuerdo.
No pudimos *ponernos* de acuerdo.

22.5 ¿Ya lo sabe todo?

Rellene las lagunas con la solución correcta.

1. Lleva unos días sin ____________________ por aquí.
   a) llegar b) ir c) venir

2. ¿Qué ____________________ el lunes pasado?
   a) has hecho b) hiciste c) harás

3. Joan ____________________ tres semanas en el hospital.
   a) lleva b) hace c) desde hace

4. Maribel no ____________________ nunca a Inglaterra.
   a) ha estado b) ha ido c) estuvo

5. Todos los días voy ________ bici ________ la escuela.
   a) a … en b) en … a c) en … por

6. No ha oído el despertador y sigue ____________________.
   a) durmiente b) durmió c) durmiendo

7. Me dijeron que _______________ las tres de la tarde.
   a) fue   b) eran   c) fueron

8. El año pasado en las vacaciones _______________ a un inglés simpatiquísimo. Todavía nos escribimos.
   a) he conocido   b) conocía   c) conocí

9. Arturo tiene buenos amigos entre _______________ trabajan allí.
   a) el que   b) los que   c) lo que

10. Ojalá _______________ que sí.
   a) diga   b) dice   c) dirá

11. _______________ que lo va a conseguir.
   a) creo   b) no creo   c) creía

12. Es posible que _______________ por tu casa.
   a) paso   b) pasa   c) pase

13. Queremos que nos _______________ el regalo hoy.
   a) dé   b) de   c) da

14. Si Marga _______________, me alegraría.
   a) regresará   b) regresaría   c) regresara

15. Si yo fuera rico, _______________ muchas cosas.
   a) regalaría   b) regalaré   c) regalaba

16. Le dije que no quería que _______________ tarde.
   a) vendría   b) habría venido   c) viniera

17. Por mucho que _______________, cómpratelos.
   a) cuesten   b) cuestan   c) costarán

22.6 Oyendo las noticias

Escuche estas noticias. Apunte las cosas que usted entienda. Después complete la información con ayuda de su compañero/a. Comunique la noticia a los demás.

22.7 Preferencias profesionales

a) *Lea lo que dicen estas personas.*

DESIREE: "Prefiero ser asistente social, psiquiatra o periodista".

ELENA: "Nunca sería ingeniero naval o físico nuclear porque odio las ciencias".

JULIO: "La física es mi asignatura preferida. Aspiro a convertirme en ingeniero aeronáutico".

MARIA: "Matemáticas es la asignatura que más disfruto. Números, cálculos, todo depende de ti".

VICTOR: "La filosofía y las carreras humanísticas están vacías de contenido".

CRISTINA: "Tengo ganas de investigar[1] sobre literatura, filosofía o latín".

---

[1] investigar: *forschen*

b) *Aquí ve una lista de profesiones. Haga una encuesta a sus compañeros/as. Pregúnteles cómo califican estas profesiones. Ellos/as sólo pueden contestar con estos adjetivos:*
F = favorita, I = interesante, PI = poco interesante, D = detestable.
Tenga en cuenta si es chica o chico y apunte lo que ha dicho en la siguiente lista.

Profesiones	Chicos	Chicas
Ingeniero Electrónico		
Físico Nuclear		
Ingeniero Naval		
Ingeniero Aeronáutico		
Psicólogo		
Juez		
Abogado		
Asistente Social		
Técnico Informática		
Periodista		
Arqueólogo		
Diplomático		
Médico General		
Lingüista		
Filósofo		
Político		

c) *Analicen juntos la lista. ¿Qué profesiones prefieren las chicas/los chicos? ¿Por qué se han decidido sus compañeros/as de esta forma?*

d) *Comparen la lista de su grupo con lo que contestaron los jóvenes españoles. ¿Hay diferencias?*

Profesiones	Hombres	Mujeres
Ingeniero Electrónico	Favorita	Detestable
Físico Nuclear	Favorita	Detestable
Ingeniero Naval	Favorita	Poco interesante
Ingeniero Aeronáutico	Favorita	Poco interesante
Psicólogo	Interesante	Favorita
Juez	Interesante	Favorita
Abogado	Poco interesante	Favorita
Asistente Social	Detestable	Favorita
Técnico Informática	Favorita	Favorita
Periodista	Favorita	Favorita
Arqueólogo	Favorita	Favorita
Diplomático	Interesante	Interesante
Médico General	Interesante	Interesante
Lingüista	Detestable	Detestable
Filósofo	Detestable	Detestable
Político	Detestable	Detestable

("Cambio 16", 23-5-94.)

** 22.8 Hombre y mujer. – ¿Prejuicios?

a) *Lea estos comentarios publicados en un periódico español.*

Hombre y mujer – cuando de trabajo se trata

	Así le califican a él en la oficina:	Así le califican a ella en la oficina:
Tiene colocada encima de su mesa la foto de su esposa/o e hijos.	"Es un hombre responsable que se preocupa por su familia."	"¡Um! Su familia tiene prioridad sobre su carrera."
Su escritorio está lleno de papeles.	"Se nota que es una persona ocupada, siempre trabajando."	"Es una desordenada."
Está hablando con sus compañeros de trabajo.	"Seguro que está discutiendo nuevos proyectos."	"Seguro que está hablando de otros compañeros."
Salió a almorzar con el jefe.	"Su prestigio aumenta."	"Debe tener un "affaire"."
Hizo un mal negocio.	"¿Estaba muy enfadado?"	"¿Se echó a llorar?"
Se va a casar.	"Eso le estabilizará."	"Pronto tendrá un niño y dejará el trabajo."
Faltó al trabajo por enfermedad.	"Debe encontrarse muy mal."	"Tendrá un catarrito."

("Los domingos de ABC", 26. 10. 1986. Texto adaptado y abreviado.)

b) *¿Qué piensa usted de estos comentarios? Discuta con sus compañeros/as.*

Tenga en cuenta las siguientes preguntas.
1. ¿Estos comentarios son reales?
2. ¿La situación ha cambiado o sigue igual?
3. ¿Cuántas mujeres conoce de su país en la política o en la industria en puestos de alta responsabilidad?
4. ¿Qué diferencias existen entre los países europeos y entre los de Europa y otros países?

22.9 Una mujer mexicana

Texto de lectura. Use el diccionario.

Laura Esquivel es una escritora mexicana. Con su primera novela “Como agua para chocolate” ha triunfado en todo el mundo, sobre todo en los Estados Unidos y Europa.

Lea aquí parte de una entrevista con ella.

P. Después de Frida Kahlo es usted la mujer mexicana que con más fuerza entra en los EE. UU.

R. Todavía hay mucha diferencia entre Frida Kahlo y yo. Es cierto que de mi novela ya he vendido casi 600.000 ejemplares en EE. UU. ¿Por qué? Yo pienso que en EE. UU. se vive con más intensidad esta crisis de valores a la que nos ha llevado la sociedad moderna ...

P. ¿Es posible agitar al mundo con un libro que contiene recetas de cocina?

R. Claro que sí. La cocina es uno de los lugares que más valor ha perdido en este siglo ...

P. ¿Y por qué esa búsqueda de amor entre las personas, desde la cocina?

R. La cocina es para mí un lugar extraordinariamente importante. Como un laboratorio. Yo quise salvar desde ahí el amor porque la cocina no es un lugar donde se esté perdiendo el tiempo. En la cocina no se gana dinero, pero se está nutriendo el alma.

P. Se ha dicho de usted que escribe como mujer y no como otras escritoras que tratan de escribir como hombres.

R. Durante mucho tiempo se le ha quitado valor a todo lo que tiene que ver con el mundo íntimo femenino. Por eso, no es que muchas mujeres trataran de escribir como hombres, sino que trataban de escribir cosas importantes.

P. Estamos en la antesala de un nuevo milenio. ¿Saldrá el mundo de su actual pesimismo?

R. Yo soy muy optimista y creo que viene una nueva revolución. No una revolución desde fuera, sino de dentro hacia afuera. Sólo una pareja consciente puede crear un nuevo hombre ...

Yo creo que la gente ya está reaccionando. Mejor dicho: son los jóvenes los que están reaccionando, horrorizados por el mundo que les estamos dejando.

(“El País”, 23-10-1993. Texto adaptado y abreviado.)

⁂ 22.10 Martirio

Martirio es una cantante española de música pop-flamenco. En un artículo de la prensa dicen de ella: "Martirio es y sigue siendo uno de los mejores filtros para entender a la mujer española de la calle ..."
("El País", 19-3-1995)

Escuche y lea este texto de una de sus más famosas canciones.

Separada sin paga nº 2

Cuando me quedé sin él se me vino el mundo abajo
hice un curso de informática y hoy por fin tengo trabajo
me cuesta la misma vida llevar esto adelante
pero lo prefiero al muermazo de antes.

Hoy me siento como nueva, ya se me ha quitado todo el susto
y aunque duerma sola, para qué te voy e engañar,
me encuentro muy a gusto.

Lo perdido al río
poderío al poder
y al que quiera saber
mentiritas a él.

Cuando me quedé sin él se me vino el mundo abajo
hice un curso de informática y hoy por fin tengo trabajo
salgo y entro cuando quiero, bailo al son que me va a mí
aparqué por fin la víctima y le dije adiós al guardacoches del sufrir.

Y ahora que he aprendido, pinturitas de guerra yo me pongo
y en la selva de la vida estoy
disfrutando en gordo ...

(Martirio: "Estoy Mala." Madrid: Nuevos medios)

987 654